一位づくりで会社も社員も変わる
ランチェスター経営戦略シート活用のツボ

川端康浩 著

セルバ出版

はじめに

本書では、会社の経営目的の実現、業績向上のために、ランチェスター経営戦略をベースとした、経営者、経営幹部、社員まで全社で取り組む「戦略的一位づくり」を主題としています。

経営戦略の構築と決定は、経営者である「社長の役目」です。

社長の経営実力が高ければ、優れた戦略を立てることができるので、業積は上がりますが、逆に、低ければ会社が危うくなるかもしれません。

したがって、社長は、役目として戦略の勉強を行って、自らの戦略実力を常に高める必要があります。

では、社長の戦略実力だけを高めれば、それでよいのでしょうか。

実際には、会社は、たくさんの人で動いています。

会社の掲げる方針、定める約束事、マニュアルなど適正な活動を行うための指針を作成し活動していますが、実際の活動においては、社員個々において最善の判断を行う場面に直面します。

そこで、本当に強い会社となるには、経営幹部、マネージャー、リーダーと、会社を支える役職いと考えます。

者の戦略実力、社員の戦略実力を高めて、戦略に沿った行動を全社で行う体制となることが望まし

よい会社は、社風がよく、社員がやりがいを感じながら働いています。自発的に動く習慣や思考があります。

大企業も中小企業も変わらず、社長以外の幹部、社員の意識によって会社は変わります。

本書では、最終的には「人で決まる」という観点から、社員の戦略実力を上げることに主眼を置きました。そのために「ワークシート」を使いながら、自社の状況を調べたり、置き換えを行ったりすることで、戦略思考の向上と具体的行動に繋がる内容となっています。

社長以下、社員全員が、社長と同じ戦略思考を持って、自ら考えて動くことのできる組織づくりに、ランチェスター戦略の「一位づくり」が役に立てればと思います。

川端　康浩

２０１５年８月

一位づくりで会社も社員も変わる　ランチェスター経営戦略シート活用のツボ　目次

第2章　ランチェスター経営戦略とは

第3章　一位づくり戦略への取組み方

第4章 商品戦略

第５章　組織で深堀りを行う客層戦略

第6章　競争優位性をつくる地域戦略

第7章 販売・営業戦略

第8章　顧客維持戦略

第9章　組織戦略

第10章　組織戦略を活かすための人事制度

第1章　ランチェスター「一位方針」が組織を育てる

1　一位のある会社とない会社はここが違う

一位のある会社

何か特定の分野で一位のある会社は、利益性がとても高い傾向があります。

上場黒字企業における経常利益を従業員1人当たり単位で見ると、利益性のよし悪しがわかります。その単位で見ていくと、商品や客層、業界においてシェア（市場占有率）一位を有している会社は業界平均の3倍も5倍も従業員1人当たりの経常利益の額が高い傾向が見て取れ、シェア一位の会社は二位以下の会社に対し3倍、5倍、それ以上の差をつけている傾向があります。

では、この業界一位の会社と二位の会社との従業員の能力に3倍、5倍もの差があるのでしょうか。従業員の能力差においてはそんなことはないはずであり、これが一位と二位の会社との間に生まれるシェアの差から生まれる経常利益率の原則です。同じ時間、同じ能力の従業員が働いても、シェアの差によって、これだけハッキリと数字で利益差が出ます。

この利益の差が内部留保の額、投資への額の差となり、一位企業はより成長し強くなっていきます。この財務の差が、給与や福利厚生、社員教育のための研修費など、社員のモチベーションや成長力にも繋がります。一位のある会社に、より優秀な人材が集まり育っていく流れになると思います。

一位集中の効果

会社に商品や地域、業界で販売実績一位のある会社は、会社案内、名刺、チラシなど広告宣伝物で〇〇業界販売実績シェア一位と出すことができます。

人は、モノを購入する際の基準として実績を見ます。大切なお金を支払うわけですから、一番よい会社の商品を購入したいはずです。また、企業においても、一番の実績を有する会社との取引を望むでしょう、これも一位集中の効果です。

このときに一位の商品という武器を持っている販売担当者は、二位以下と比較して予め優位な状況を持っていることになります。つまり、一位があるということは、自社に優位な状況を持っていることと同義語と思います。

一位の目標が意識に浸透する

人の意識というものは、目標によって変わります。

常日頃から売上、生産高または期日など、目標数値を明確にし、表にして張り出すなど、可視化して繰り返し意識に刷り込むことで、人の意識は目標数値を強く意識していきます。

このとき掲げる目標も、何かで一位でなければならないと考えます。

一位を目指すこと、一位の目標を掲げることで日頃から自然に社員の意識に浸透します。意識が習慣となり、習慣が行動を変えますので、社員全員で優位性に向かって進むことになります。会社は、社員の成長のためにも、一位を目指すべきと考えます。

2 一位の目標設定—売上主義と一位主義

売上だけではダメで、シェア一位を合わせて目指すべき

会社の経営にとって、まず必要なのが「売上」であることはいうまでもないと思います。しかし、ランチェスター経営戦略では、売上だけでは危険であり、駄目だと考えます。売上と同時にシェアを上げていく考え方が、会社にとって強いアドバンテージを得ることに繋がります。

売上を大きくしようと、人口の多い大都市などのエリアに出店したり営業所を出します。一見、人口が多いほうがニーズも多いので、売上もたくさん伸びるように見えますが、市場においては全体の売上が、その市場に参入する企業ごとに均等配分されることはなく、売上の大半は上位の企業に集中し、儲かる企業は上位企業だけです。

残りの市場参入企業は、適正な売上を上げることができず、「負け組となる」というのがパレートの法則が働く市場の論理です。

例えば、飲食店やリフォーム店など店舗出店する業種において、現在はライバルがいないエリアに出店して順調に売上を上げていたとします。

しかし、旨みのあるエリアには競合会社も目をつけていて、後から競合が出店してくることが多く、その後から来る競合が資本力のある強者であった場合、店舗面積で遥かに勝る大きな規模で出店してくることがあります。

そのために、お客様を根こそぎ取られ、黒字店から赤字店に転落。かといって閉店するわけにもいかず、本店の利益をこの店が食い続けている、または初期費用を改修できずに閉店に追い込まれる、ということが実際に起こっています。

これは「売上」至上主義で売上だけを見ていった結果です。

売上と同時にシェアを目標に掲げる

しかし、「売上」と同時に、「シェア」を上げることを目標に掲げている会社は違います。

出店においては、自社のシェアが高いエリアに隣接したエリアのシェアを取ることを目標としてエリアを広げていきますので、自社の持つ強みである知名度や実績が持続しやすく、シェアも早く取りやすい。特に、建築・リフォーム業など、「地元の工事でよく見かける」地域の知名度や実績が営業力に直結する業種においては、シェアが営業力の後押しとなります。

この場合、ライバル競合会社が同じことをしようとしても、工事など日数のかかる業種の場合は、

【図表１　シェア目標売上シート】

第1章シート①　シェア目標売上シート

会社名　　　　　　　　　役職　　　　　　名前　　　　　　　　記入日　　年　　月　　日

年度　　　　　　　　第	期	月決算			
		現在	1年後	2年後	3年後
年度					
決算期		第　　期	第　　期	第　　期	第　　期
会社ビジョン					
社員数		人	人	人	人
社員内訳	役員	人	人	人	人
	正社員	人	人	人	人
	パート、バイト	人	人	人	人
3大シェア目標					
商品戦略					
商品戦略1　商品名〇〇	商品シェア	%	%	%	%
商品戦略2　商品名〇〇	商品シェア	%	%	%	%
商品戦略3　商品名〇〇	商品シェア	%	%	%	%
商品戦略4　商品名〇〇	商品シェア	%	%	%	%
地域戦略					
中心1　第一重点地域	地域シェア	%	%	%	%
中心2　第二重点地域	地域シェア	%	%	%	%
中心3　第三重点地域	地域シェア	%	%	%	%
最大範囲	地域シェア	%	%	%	%
客層戦略					
重点客層1	客層シェア	%	%	%	%
重点客層5	客層シェア	%	%	%	%
重点客層1	客層シェア	%	%	%	%
売上					
粗利率		%	%	%	%
粗利益					
労働分配率		%	%	%	%
人件費					
固定費					
経常利益					
法人税					
純利益					
従業員一人当たり粗利益					
経常利益					
従業員一人当たり経常利益					

シェアを得るのに時間がかかります。

自社が先にシェアを押さえてしまうことで同質化を防ぎ、参入障壁を得続けることができます。

これが「自社に優位な状況」を絶えずつくる戦略的優位性であり、「売上」だけを追って行ってはシェアが産み出す優位性、メリットを得ることができません。

したがって、売上目標だけでなく、シェア目標を同時に立てるべきと考えるのです。

3　一位づくりのビジョンが組織と社員を成長させる

一位づくりのビジョン

経営において経営者が掲げるビジョンについても、一位づくりを目指す姿勢があるのとないのとでは、社員の目標設定やスキルの向上にも影響が出てきます。

ビジョン実現のための高い目標設定は、働く人のモチベーションを上げる作用があります。既に何かで一位を持っている企業の社員さんと話をする機会をいただくのですが、自社の製品でシェア一位を持っている会社の社員さんは、自分の会社に強い自信と誇りに思っている方が多いと感じます。

会社の内容を伺うと、「わが社のメイン商品の○○は、○○年度での日本市場におけるシェアが

80％あり、市場におけるリーダー的ポジションを30年維持し続け、実績においてもナンバー1です」と、自社最大の売りとしてシェア一位を口にされます。

個人での一位づくり

人は、自分が思い描くセルフイメージどおりの人間になるといいますが、シェア一位に相応しい人材になろうとイメージすると、そのイメージの実現に向けて具体的に何をすればよいかという手段も決定します。

キャリアアップをしていく積み重ねにおける個人での一位づくりです。会社という大きな一位と個人での一位という観点です。

例えば、資格取得一つとっても、何かセグメントされた中で一位を取るための条件づくりとしての資格取得となると、取り組むべき資格の目標が明確に会社の戦略と焦点が合ってきます。

これは、勝つための組織の条件づくりに繋がります。

図表2は、中長期ビジョンシートです。

ビジョンシートは、経営者が記入するのが基本です。

ビジョンは経営者が描くものですが、そのビジョンに価値を感じ、心から共鳴しないと社員は本気になれません。このシートでは、社員視点からも書けるようになっています。

社員が会社のビジョンに対してどう思っているのかを知ることもできるシートとしています。

【図表２　中長期ビジョンシート】

第1章シート② 中長期ビジョンシート

1. 会社が目指す将来の姿、実現すべき長期ビジョンを書いてください。

経営ビジョンとは長期的な時間軸で、企業の目的、使命、価値、事業規模など、

「あるべき姿」「将来像」「を明確にしたものです。

事業規模、売上、シェア、社員数、業界での存在意義 到達すべき姿を書いてください。
※経営者は、自分が描くビジョンを書いてください。
※社員は、自分が知っている、理解している会社のビジョンを書いてください。

2、会社の3年、5年後のあるべき姿、中期経営ビジョンを書いてください。
※ 経営者、社員 1と同様

3. このビジョンが社員を本気にさせる理由を書いてください。

「経営ビジョン」は将来の姿が明示されるだけで無く、その将来の姿に対して、
社員が求める姿が一致していなければなりません。
なぜなら社員は、世のために働くのと同時に自己実現を目的としており、
社員自身が求める将来の姿と会社の将来ビジョンが一致した時にこそ本気になってくれます。

社員はこのビジョンを実現したい理由を書いてください。

ビジョンに心が動かないところがあれば、その理由を書いてください。

【図表3　財務分析シート】

第1章シート③　財務分析シート

会社の現状（総合的実力）を分析するシートです。項目に記入して、会社の状況を確認してください。

会社名　　　　　　　　　　役職　　　　　　　　　　名前

業界・業種			従業員数　　　人
		直近決算期	従業員1人当り（パート、アルバイトは0.5で計算）
会社	売上	円	円
	粗利益率	%	
	粗利益	円	円
	営業利益	円	円
	経常利益	円	円
	自己資本額	円	円
	自己資本率	%	

※ 粗利益　：売上から材料費、外注費など売上に応じて変化する変動費を差し引いたもの、売上総利益ともいいます。
※ 営業利益：粗利益から人件費、固定費など販売費、一般管理費など諸経費を差し引いたものです。
※ 経常利益：営業利益＋営業外収益から営業外費用を差し引いたもの。
※ 純利益　：経常利益から特別損益と法人税を差し引いたものです。最終的に内部留保し自己資本となる利益。

4　労務管理視点で見る一位の目標設定

ランチェスター経営戦略では、「シェア一位づくり」の実現のために組織戦略構築を行います。競合会社から勝ち抜くための人材戦略の一環として、人材育成、人材の差別化、戦略思考のある人材を育てることがテーマとなります。

経営の要点に一位づくりを置いている会社は、人材育成においても一位であることを念頭に置いて人事評価制度を策定していきます。

例えば、「顧客対応において一位」というテーマを掲げたとき、社員それぞれの役割において戦略原則に捉え、「何をすべきか」という具体的な行動となってきます。

最終的には、人で決まると考えます。

本書では、会社が掲げた一位づくりのために戦略を実行していく社員の人事評価についても、第10章と第11章で詳しく触れています。

職場で働く社員は、会社から適正な評価を得ているかどうかということが、職場でのやりがい、給与や賞与、昇進に関係するだけに、とても大事な関心事になっています。

会社としても、人事評価制度を明確にすることによって、あるべき社員の姿、基準が明確になる効果があります。

したがって、一位の目標設定は、会社における「具体的行動」として基準化することが必要です。「あるべき姿、基準」を「顧客対応において一位」というテーマで具体的に定めた会社では、お客様からの電話を取る行動に関しても、「顧客へ一番の対応を行う」というテーマを掲げ、具体的な行動として顧客との接点を洗い出して、「何をすべきか」を明確化しました。

例えば、通常、会社に電話がかかってきた場合、社歴の浅い社員から順番に電話を取るという慣例が多くの会社にあります。特に、会社の事情がまだよくわからない新人社員が電話を取ると、「どちらの会社のどちらの方ですか？　ご用件は何ですか？」などと電話口で相手に問いかけて、大事な取引先の取次ぎに時間がかかることがあります。これでは顧客満足を満たせませんし非効率です。

顧客にスピードかつ確実な対応を行うとなったとき、社歴の長いベテラン社員なら、会社の取引先や顧客の事情をよく知っていますので、「いつも有難うございます。○○さんですね、○○に直ぐに取り次ぎます」と顧客を待たせることなく適切な対応が可能となります。

そこで、顧客リストをもう一度見直しを行い、周知を図り、新人でも十分な対応を行うことを徹底させました。

このような「顧客視点」での小さな一位の積み重ねが企業風土から文化へと発展し、大きな一位へと発展していき、やがては他社との差別化となりうる自社のノウハウへと蓄積していきます。

第2章　ランチェスター経営戦略とは

1　ランチェスター経営戦略とその応用のコツ

ランチェスター経営戦略の歴史

ヨーロッパで1914年に勃発した第一次世界大戦当時、自動車の設計技師であるエンジニアであったランチェスター氏は、対ドイツ戦のため英国空軍戦闘機の製作に関わります。

当時の戦闘機は複葉機と呼ばれるプロペラ機で、基本は同質化した戦闘機同士の空中戦でした。この両軍の戦闘機同士の空中戦の結果を調べていたランチェスター氏は、限定された空中戦における味方と敵の数によって、必ず一方が勝ち、一方が負けるという法則性があることに気がつき、データを元にした法則性を発表しました。これがランチェスター法則です。

ランチェスター経営戦略応用のコツ

①　応用のコツ　その1　ランチェスター法則の応用

ランチェスター法則を元に経営に置き換えたのが、「成果=量の2乗×質」というランチェスター戦略経営の公式です。

この公式の応用度が業績に直結していきますので、しっかりとした理解が必要です。

②　応用のコツ　その２　戦略原則の理解と応用

ランチェスター戦略の基本となる戦略原則が２つあります。それぞれ強者の戦略と弱者の戦略と呼んでいます。

この戦略原則の理解度と社業への応用こそが、ランチェスター戦略を実践することになります。

③　応用のコツ　その３　経営者、経営幹部、社員で戦略思考を身につけて実行する

会社の経営は、経営者だけでなく、全社全員で取り組んでいます。これを「全社的勝ち方のルール」と呼びます。

社員全員が常に物事を「本質面」から捉えて考えて行動する戦略思考力を身につける必要があると考えます。覚えた戦略から計画を立て実行し、改善を図りながら成果を出していきます。

2　経営における戦略と戦術

経営目的を実現するために、知恵を活かして経営戦略を立案し、仕組みを考え、具体的実行手段として戦術の決定をして行動し、結果を出せるように改善を重ねていくことになります。

戦略と戦術

「戦略」とは、元々軍事用語で、「略」という漢字は知恵を表します。「略」が知恵ですから、「戦略」とは直訳すると戦で勝つための知恵となり、「経営戦略」とは経営で業績を上げるための知恵となります。

軍事において戦略立案は、将軍や将校、参謀など部下を統率する指揮官の役目でした。

経営に置き換えると、経営戦略立案は、経営者、経営幹部、マネージャーなど上司の役目になります。

対して「戦術」、「術」というのは、技を意味します。戦術の語源は、兵士が戦場で使う繰り返しの技にあります。

戦術とは、「目に見える」実行手段であり、軍事においては将軍や将校など指揮官が立案する戦略に基づいた作戦遂行の具体的行動になります。

目に見えるものはすべて戦術になりますので、戦場における武器、撃ち合い、突撃、戦闘、戦闘機での爆撃、すべてが戦術になります。

経営においては、商品、営業における訪問、面談、事務の作業、店舗、店舗での応対、目に見えるものはすべて戦術になります。

この戦略と戦術の関係ですが、戦略→戦術の順番です。

戦略が先であり、戦略に戦術は従います。知恵の部分である戦略が間違っていたら、戦略に戦術は従いますので取り返しがつきません。

例えば、自社よりも何倍も強い競合がたくさんいる地域で、その強い競合と同質化した商品と販売方法で、しかも少ない人数で販売した場合、数の論理で勝てません。

しかも、ランチェスター法則では、数で2乗作用をかけられますので、売上が2乗比で下がる結果になります。

これは戦略的な商品と地域のミスであり、戦略の間違いは戦術では取り返せない所以です。

戦場でいえば、自軍より何倍も強い敵に対して、敵よりも古くて威力のない武器を持たされて、しかも少ない人数で勝ってこいと、指揮官から言われるようなものです。戦場の教訓に「馬鹿な大将、敵より怖い」とはこのことです。

経営に置き換えると、「自社の上司が、敵より怖い」にならないように、経営における指揮官である経営幹部、マネージャークラスこそ、経営戦略の勉強に取り組んで、戦略実力を上げる必要があります。

経営戦略　経営で業績を上げるための知恵　目に見えない
会社においては、経営者、経営幹部、マネージャーが担当
効果性を表します。効果性は無限と考えます。

戦術　戦略を具体化した具体的行動　目に見える
会社においては　戦術として具体的行動など目にみえる実行手段すべて
規模の大きな会社では社員が担当
効率性を表します。基本として戦術は有限と考えます。

【図表４　経営理念から戦略流れシート】

第2章シート①　経営理念から戦略流れシート

※　経営戦略の必要性を経営の全体図から確かめるシートです。
　自社の経営全体像を確認しましょう。 計画は長中短期と戦略が必要です。

経営理念　※会社の存在意義、経営目的です。

⬇

経営ビジョン　※会社の将来像、あるべき姿

長期経営目標　※　10年後の売上、シェア、従業員数、会社規模の目標

長期経営戦略　※　実現するための知恵である経営戦略（理由）

中、短期経営目標　※　3年から5年後の売上、シェア、従業員数、会社規模の目標

中、短期期経営戦略　※　実現するための知恵である経営戦略（理由）

年度経営目標と戦略

年度目標　　　　戦略

PDCAの実施、四半期、毎月ごとの進捗確認

3　強者の戦略とその実例

強者の戦略はランチェスター第２法則に基づいた戦略

ランチェスター第2法則は、戦場において、敵、味方が射程距離の長い兵器を互いに使用し、離れた所から攻撃し合う間隔戦のとき、この確率戦時にランチェスター第2法則が働き、数の多いほうが2乗で勝ちます。

ランチェスター第2法則では、数の多いほうが見た目で数えた戦力差ではなく、兵士や武器の数を2乗した数こそが本当の実力であると考えます。

強者の戦略　ランチェスター第２法則　力＝量の２乗×質

この公式を経営に置き換えたものが、第2法則をベースとした「強者の戦略」です。

売上、資本力、シェアなど数で勝る企業が、下位企業に繰り出す戦略であり、ランチェスターでは、この戦略を使えるのは強者の戦略が使える条件を満たした会社というのが基本原則となります。

その強者の戦略が使える条件とは、次の3つです。

1　特定の業界や業種、商品や地域、客層でシェア一位

2　市場占有率は少なくとも26％以上
3　二位以下に10対6以上の差をつけている

まとめると、次のようになります。

強者の戦略　シェア一位の企業が取る戦略
基本戦略：ミート戦略（即応戦）
個別戦略：総合一位主義　多チャネルで販売
　　間隔戦　遠隔戦
　　広域戦　包囲戦
　　総合戦　即応戦
　　物量戦　重装備

二位以下に2乗作用という圧力をかける

では、この強者の戦略の実例を見てみましょう。

強者の戦略の基本戦略は、ミート戦略です。

強者は、シェア一位の売上から得る潤沢な資金力を武器にして、設備投資、研究開発投資、人材投資を常に行えます。常に体制を整え、二位以下の企業が繰り出す差別化商品に対して、ことごとく同じ商品をぶつけて二位以下の優位性を無力化していきます。

即応しないと二位以下の企業に市場のシェアを取られてしまうので、即時対応してシェアを取られないように下位企業の芽をつぶしていき、シェア一位の座を維持し続けます。

強者の戦略の事例

トヨタ自動車は、自動車産業業界二位の本田技研工業（ホンダ）が初めてハイブリッドカー「インサイト」を市場に投入してきたときに、既存のハイブリッドカーであるプリウスの旧型の値下げを敢行し、インサイトと全く同じ値段で売り出しました。

また、新型プリウスの値段も値下げを行い、インサイトが当初持っていた購入しやすいハイブリッドカーという特徴を無力化しました。

トヨタは、系列の販売店の数も多く、販売店同士が競争になるような形でプリウスを販売しました。これは多チャンネルでの販売という強者の販売戦略で、比較して系列販売店が少ないホンダに販売においても量で圧力をかけました。

4　弱者の戦略とその実例

弱者の戦略は、ランチェスター第1法則に基づいた次のような戦略です。

弱者の戦略　ランチェスター第1法則　力＝量×質

※量に2乗がつかない。

この公式を経営に置き換えたものが、第1法則をベースとした「弱者の戦略」です。戦場において、敵、味方が射程距離の短い兵器を互いに使用し、1対1の接近戦で戦ったときの法則性を表したもので、量に2乗作用が発生せず、実力がそのまま反映します。

素手、刀、棍棒、槍など敵味方が取っ組み合う、斬り合うなどの戦い方で、戦う兵士の技量がそのまま出ます。

第2法則のような数の多いほうに2乗作用が発生することがありません。数的に劣性の軍でも見た目以上には不利にはならない、実力がそのまま反映することを示しています。

二位以下の企業が取るべき戦略であり、差別化などで一位企業など上位からの2乗作用を避けるように戦略を実行していきます。

2乗作用は、売上や利益に反映し、著しく業績を落とす作用を受けることがあります。業界、業種、商品、地域、客層などで二位以下の企業が取るべき戦略です。

弱者の戦略　シェアが二位以下の 下位企業が取る戦略

基本戦略：差別化戦略

戦略　接近戦　一騎打戦　直接戦

近距離戦　狭域戦　※敵の3倍

隠密戦　軽装備　独自化

一点集中一位主義　一点突破全面展開

強い敵とは戦わない、戦わずして勝つ、勝ちやすきに勝つ

弱者の戦略の事例

家庭用の洗剤、トイレタリー商品では国内シェア首位の花王が、ペットボトルお茶市場に参入するときに弱者の商品戦略で参入しました。コンビニや自動販売機で売られているペットボトルのお茶です。

この市場は、日本コカコーラの綾鷹、爽健美茶、サントリーの伊右衛門、伊藤園のおーいお茶、アサヒの十六茶など、各メーカーでのシェア争いがし烈な市場で、各商品は同質化しています。大企業の花王でも、飽和状態のペットボトル市場に同質化した商品で参入していけば、既存のメーカーとの戦いが待っています。

そこで、花王が取った戦略は、弱者の商品戦略で「差別化」でした。

ランチェスター戦略では、会社の規模ではなく、シェア一位か、二位以下かによって取るべき戦略を決定します。

花王は、特定保健飲料の認証を取り、通常のペットボトルのお茶とは違う、脂肪吸引を押さる働きで用途の差別化を図った「ヘルシア茶」で参入しました。

ボトルが小さい上に値段は高いのですが、当時はこの用途の商品が少なかったため差別化での参入に成功。コンビニの棚を1つ取ることに成功しました。

【図表5　ランチェスター法則　図解シート】

第2章シート② ランチェスター法則 図解シート

A軍とB軍が戦場で戦ったとき
兵士の数　　　：A軍5人　B軍2人
兵士の能力　　：A軍、B軍　共に同じ
兵器　　　　　：A軍　B軍　共に同じ兵器(同質化)

ランチェスター第一法則

<table>
<tr><td rowspan="2">A軍　5人　　B軍　2人
○　○
○　○
○
○
○</td><td>条件　　接近戦、一騎打戦、直接戦

A軍、B軍共に射程距離の短い兵器で、
接近して1対1で戦う</td></tr>
<tr><td rowspan="2">結果

結果は5対2となり、
損害率は数力がそのまま反映
※2乗作用が発生しない</td></tr>
<tr><td>結果　A軍5対B軍2</td></tr>
</table>

ランチェスター第二法則

<table>
<tr><td rowspan="2">A軍　5人　　B軍　2人
○　○
○　○
○
○
○

A軍が攻撃を受ける確率　5分の2
B軍が攻撃を受ける確率　2分の5

条件を等しくするために分母をならすと
A軍が攻撃を受ける確率　10分の4
B軍が攻撃を受ける確率　10分の25</td><td>条件　　間隔戦、確率戦、遠隔戦

A軍、B軍共に、見通しのよい広い戦場で、
射程距離の長い兵器を使い、離れて戦う</td></tr>
<tr><td rowspan="2">結果

結果は25対4となり、A軍が見た目よりも
B軍より約6倍有利
※損害率は2乗作用に比例する</td></tr>
<tr><td>結果　A軍25対B軍4</td></tr>
</table>

5　ランチェスターマーケットシェア理論

ランチェスター経営戦略では、特定の商品、地域、客層で売上、客数などの目標数字と同じように、シェア目標設定をします。シェア目標値は、ランチェスター戦略の先駆者の方が導き出された市場シェア理論です。７つの目標数値によって、市場でのポジションの意味づけや取るべき戦略の判断をすることができます。

ランチェスター戦略シェア目標値

特定の商品・地域・客層でどれだけのシェアを取っているか（累積）を次の数値で判断します。

①　73・９％……上限目標値　独占的シェア＝「独占的寡占型」と呼ばれる、絶対安全かつ優位独占の状態。

②　41・７％……安定目標値　首位安定シェア＝このシェアを取れば業界における強者となり、安定した地位を確保できる状態。「40％目標」とも言われます。

③　26・１％……下限目標値　強者の最低条件＝このシェア値を上回ると、競争状況から一歩抜け出した状態と判断され、強者と弱者を決定づける基準値とされます。

④　19・３％……上位目標値　弱者の中の強者＝この数字では一位であっても安定的した一位の地

位とは呼べず、競合企業もシェアを維持した競争状態。弱者の中で頭1つ抜け出た状態。

⑤ 10・9%……影響目標値　市場に影響、最低値＝市場に影響を与えるようになれる最低値。地域密着型のチラシ反響型営業においては、反響値が格段に上がる境界線。

⑥ 6・8%……存在目標値　存在を認められる＝市場において競合他社からも存在を認められるようになる数値。

⑦ 2・8%……拠点目標値　存在が可能、選択水準＝市場においてようやく存在が許される数値。新規参入における橋頭堡。

自社の市場におけるシェアで取るべき戦略が決定しますので、戦略を立てる際の現状分析では、自社はどれだけシェアを取っているのかを調べなくてはなりません。

6　戦略大原則を把握しよう

着眼大局着手小局

「着眼大局着手小局」という戦略に取り組む際の大原則があります。全体像を把握してから、勝てる領域を見つけて持てる戦力を集中するやり方です。

この原則を知っていれば、あらかじめ自社の戦力で勝てる領域はどこだろうかと、目標を決めて取り組むことができます。

これは、効果的売上を上げていくことができるやり方です。

ここでお伝えしたいのは、大きなビジョンを持ち、広い視野である「着眼大局」で全体をまず見て、その中でどこに経営資源を集中すれば勝てるのかという経営資源の集中を行う－これが進め方の順番であるということです。

始めから絞り込んだ領域で戦い、その中だけでシェアを上げていくやり方も、始めに自社の事業領域や市場を取り巻く環境など、全体像あってのことです。「絞り込み」ありきではありません。

戦略大原則が、戦略を進める際に指標になりますので、把握を行い、強者や弱者の戦略の実行する際に合わせて考えていきます。

戦略大原則

「孫子」「戦国策」など、古来の先人の知恵の活用です。標語としても有用です。「戦わずして勝つ」「強い敵とは戦わない」「勝ち易きに勝つ」などが有名ですが、次のものも人口に膾炙されています。

・鶏口（けいこう）となるも牛後（ぎゅうご）となるなかれ……大きな集団の尻についているよりは、小さな集団でも先頭となれ。

・百里を行く者は九十里を半ばとす……物事は終わりに困難が多いから、九分通りを半分と心得て、最後まで努力を続けること。

【図表６　戦略・戦術置き換えシート】

第2章シート③　戦略・戦術置き換えシート

※　会社の経営戦略・戦術を仕分けするシートです。
仕分けすることで、戦略と戦術の区分がはっきりします。

1. 具体的実行手段は全て「戦術」です。
商品、製品、サービス、店舗、広告宣伝、営業方法、立地、ブランド、
売上を上げるための具体的手段を書き出してください。

2. 1で書き出した「戦術」の元になる考え方が戦略です。
この戦術を選択している勝つ理由が必要です。
書き出した項目から選択をして、戦略的理由を書いてください。

例	戦略的、勝てる理由、
商品○○	競合にはない機能で差別化、大量ロット生産によるコスト安の強み

第3章　一位づくり戦略への取組み方

1　会社の歴史と経営資源を把握する

この章からは、戦略的な一位づくりへの取組みを「ワークシート」も活用しながら進めていきます。経営戦略の立て方の基本は、自社の経営資源を土台にし、活かしての一位づくりとなりますので、自社の歴史や経営資源をしっかりと把握をするところが戦略構築へのスタートです。

会社の歴史

自動車専用の電装部品をつくっている創業40年ほどの製造業の会社が、ランチェスター経営戦略の勉強に取り組み、取引先シェアを調べ直してみたら、日本一の自動車メーカーにおける電装部品シェアが一位であることがわかりました。

業界一番手のところ取引をしているというのは、信用度において「一番」の品質の証明となります。実際の技術においても、長年シェア一位であるべく技術や製品の裏づけがありました。

この会社は、このシェアのことに気がついてから、会社案内、ＨＰなど、広告物に一位であることを反映、営業担当者の営業トークにも反映、社内においても一位であることを周知させ、今が一位であることは社員やパートさんの頑張りの集積であることの感謝とともに、一位に相応しい品質を維持、さらに向上させる目標設定を行いました。

一位という価値を反映させて新規開拓することにも成功しました。

会社の歴史を確認

創業１００年、２００年の会社もあれば、今年創業の会社もあります。江戸時代から創業して８代目の社長もいれば、２代目の方もみえます。創業から脈々と同じ商品を販売している会社もあれば、進化やイノベーションを遂げて、創業時と全く違う商品を販売している会社もあります。

１つとして同じ歴史の会社はなく、そこに自社独特の個性が熟成されて戦略のベースとなります。

では、実際に、自社の歴史を棚卸していきます。

- 創業年度、法人化年度　通算の期　決算月
- 創業者の名前、創業の経緯、二代目、三代目、歴代代表の想い
- 創業の場所　その後の本店や支店、営業所などの経緯
- 創業時よりの商品、その後の商品の変換、構成
- 創業時よりの取引先、その後の変換
- 会社の歴史を年度順に記入
- この会社の歴史を踏まえて、現在の立場で成すべきことは何だと思いますか
- 会社の歴史を踏まえて、変わる時代環境の中で、目指すべき方向性、あるべき姿は何でしょうか。

図表7のワークシートで整理します。

【図表７　会社の歴史シート】

第3章シート① 会社の歴史シート

作成日　　　年　　月　　日　作成者

会社の歴史を確認して把握します。会社のヒストリーから一位を発見しましょう。

会社名	
創業年度	年　月　日　法人化　年　月　日
年度・期	創業から　年度　第　期
創業者、創業者の思い	
その後の代表者	
創業の経緯 創業場所	
歴代代表の思い	
創業時よりの商品 その後の経緯	
創業時よりの取引先 その後の経緯、変換	
創業時からの歴史 ・年表形式で記入	
この会社の歴史を踏まえて、現在の立場で成すべき事は何だと思いますか。 変わる時代環境の中で、どういう方向性を目指すべき、あるべき姿は何でしょうか。	

会社の経営資源を確認

持てる戦力である経営資源をベースにして、自社の一位づくりを行います。実際に調べていくと、思わぬ経営資源が出てくることがあります。

ある工事会社では、社員が保持する資格や検定をすべて棚卸したところ、その会社が所在する市では資格保持数が一位であることがわかりました。

また、芸大出身の社員も在籍していました。女性社員でしたが、彼女はとても上手に絵を描くことができました。この会社は、下請仕事からエンドユーザー向けのリフォームに進出したばかりでしたので、エンドユーザー向けの提案資料を作成する際に、見込客の希望や理想の生活を具現化する絵を描ける彼女の能力は、顧客に大変好評でなくてはならない武器となりました。

自社の経営資源を棚卸していきます。図表8の経営資源シートで整理してみてください。

・取扱い商品、製品　・技術力、技術を磨くための訓練、資格、方法
・持てる資産、ビル、工場、機械、不動産、営業所など
・販売地域での実績、知名度、シェア
・販売先、販売する客層における実績、知名度、シェア
・販売への販売方法
・過去の実績、販売量・受賞実績、功績
・組合の特徴、現在持っているナンバー1

【図表８　自社の経営資源シート】

第3章シート② 自社の経営資源シート

作成日　　　　年　　月　　日 作成者

このシートでは自社の持つ「経営資源」について整理します。以下の項目を記入することで自社の経営資源を整理しましょう。

会社名	
取扱商品：中心	
取扱商品：範囲	
販売先および販売方法	
過去の実績	
過去の販売量	
受賞実績、功績	
会社の資産	
従業員の特徴資格、スキル	
その他、資産と思うもの	
この会社の実績を踏まえて、自社の特徴や強みは何だと思いますか。	
会社の実績を踏まえて、他社にはない強み、差別化、独自性をどう打ち出すべき、またあるべき姿は何でしょうか。	

・従業員の数、人材育成、持てる人材の能力
・その他、経営資源、資産と思うもの

この実績を踏まえて、組合や組合を構成する会社の他にはない強み、差別化、独自性はどういう方向性を打ち出すべきであり、またあるべき姿を打ち出していくべきと考えます。

図表8のワークシートで整理します。

2　3つの重要目標設定

ランチェスター戦略では、経営を構成する要因の中で戦略的な一位づくりを目指します。特に、売上をつくるために重要な要因であって、シェア一位を目指す要因を、①商品（何を）、②地域（どこの）、③客層（誰に）の3つとしています。

商品、地域、客層の順番で書いていますが、業界、業種や規模など会社の置かれた環境や状況は様々ですので、この順番とは限りません。

この3つのうちどれか、または掛け合せでシェア一位の実現を目指します。

このときに、商品・地域・客層の一致という大原則があります。3つの設定がずれていると上手くいきません。

例えば、手間暇がかかり、大量生産が難しいニッチ向け商品を日本全国を対象に販売した場合、

【図表９　３大事業ドメインシート】

第3章シート③　3大事業ドメインシート

一位づくりを実現する3大事業目的の現在の状況を書いてください。
①商品（何を）　②地域（何処の）　③客層（誰に）　が3本柱です。

①　商品
※　売上を上げている商品、製品、サービスを記入してください。

②　地域
※　現在商品販売している商圏、地域、エリアを書いてください。

③　客層
※　エンドユーザーBtoC　法人向けBtoB、など販売している客層を書いてください。
　　客層・業界・業種です。

客層も広がり、販売地域が広くなり、営業や対応で適正な量をかけることができなくなります。そのような効果性も効率性も薄いことをしないよう、3本柱をしっかり目標設定する必要があります。

これらの3つの経営構成要因は、営業戦略や組織戦略とも絡み合い、全社的な戦略を構築していきますので、どの柱も重要であり、それぞれに戦略を構築していく必要があります。

では、図表9のワークシートで、自社の現状の①商品　②地域　③客層の3本柱を整理してみましょう。

戦略の再構築前という前提で現状の記入を願います。中心というのがシェア一位を目指す要因です。範囲は、それ以上経営力を投入しない上限を指します。

3　会社の課題を経営構成要因で考える

前章の経営構成要因3つの柱以外に経営を構成する大事な要因としては、商品、地域、客層において一位づくりを実現するための営業対策や顧客維持対策、組織対策、財務対策があります。

営業対策

シェア一位実現のための営業戦略を構築します。

基本は、広告宣伝、ブランディングなど見込み客の発見から、ヒアリング、プレゼン、契約まで戦略的なセールスプロセスを組んで実践していきます。。

顧客維持対策

契約したお客様からのリピート、クロスセル、アップセルから、紹介を得る仕組みなど、契約後における顧客維持の戦略を立てて実行します。

組織対策

ランチェスターの戦略は、全社経営戦略を立案する経営者や経営幹部の役目となります。会社の規模にもよりますが、その戦略に基づいた実行手段である仕組みや戦術をリーダー職以下の社員で実行していくことになります。

この実行にあたり、社員も「戦略思考」を持って実行すべきと考えます。直面する状況に対して本質面から物事を捉えて解決を図っていくのが戦略思考です。

財務対策

売上のほかに粗利益、粗利率、利益率など、財務指標でも目標を定めます。

戦略的一位のある会社は、利益率が業界平均の3倍から5倍以上高い傾向があります。

この利益の積み重ねが、内部留保となり、決算書の自己資本への積み重ねとなり、会社の財務状態をとてもよくします。

一位集中の効果を働く環境に反映

会社の目的は、経営目的、経営ビジョンの実現にあり、決算書の数字をよくすることは手段ですが、内部留保資金が潤沢な会社は底力があり、不況に強い会社です。環境から生まれる新しいビジネスチャンスに取り組む資金的な余裕も生まれます。

特に景気がよくなり求人市場が売手市場になっている場合、給料面や休日、福利厚生など従業員への待遇はよい人材を確保するための必須事項となります。

業界平均レベルではできない待遇が可能となります。

利益は一位に集中する傾向がありますので、戦略的一位づくりという言葉もさることながら、実態が伴わないと社員は本気になってくれませんので、一位集中の効果を給与面や働く環境整備などで反映していってこそ、社員が本気で一位になる優位性を信じてくれます。

これは大企業での話ではなく、従業員が30名、50名の会社でも、ある特定の業界や地域でシェア一位づくりを実現すると現れる状態です。

図表10のシートで整理してください。

【図表 10　８大経営構成要因シート】

第3章シート④　8大経営構成要因シート

ランチェスターで経営戦略を構築する、8大経営構成要因です。
各、経営構成要因の現在の戦略、戦術を記入して整理してみましょう。

		戦略	戦術			戦略	戦術
①	商品 何を			⑤	顧客維持		
②	地域 どこの			⑥	組織		
③	客層 誰に			⑦	財務・資金		
④	営業			⑧	時間		

4　ランチェスター的ＳＷＯＴ分析

ＳＷＯＴ分析

「情報なくして戦略なし」―経営戦略を立案する際、自社の状況を調査分析していくことは不可欠です。現状分析とは、戦略を立てる際のベースになる情報です。

ＳＷＯＴ（スオット）分析とは、会社の強みや弱み、機会や脅威を分析するフレームワークの手法です。出てきた自社の強みを元に戦略を構築していくわけですが、強みと弱みは表裏一体であり、強みは見方によっては弱みともなり得ます。

例えば、「自社は少人数であって、経営者の決断や指示が瞬時に組織全体に伝達され、顧客のニーズもスピーディかつ確実に組織全体に行き渡り、顧客ニーズに対しての取組みが競合のどこよりも早い」という強みが出てきたとします。

しかし、この少人数という強みも、少人数であるが故に、「対応地域が広くなった場合、移動時間など物理的な要因で対応力が弱くなる」、または「販売先の企業規模が大きく、意思決定にいくつもの階層を通る必要がある場合は、顧客に強みが伝わらず、強みとは呼べなくなる」ということも考えられます。

この例は、ターゲット客層も地域も限定ということであれば、強みを今後も十分に発揮できます。しかし、ターゲット客層の規模を大きくし、販売地域を広くしていくのであれば、現状の強みでは勝てませんので、今後の方針、戦略を変化させていく必要があります。

強みと弱み

強みと弱みは、会社の内部環境要素です。①自社の主観的なもの、②競合会社と比較してどうかの2つの観点があります。

主観では、強い商品と思っていても、もっとよい商品を提供している競合会社があるかもしれません。この2つの観点で考える必要があります。

ランチェスターで戦略構築する経営構成要因ごとに考えることで、商品というカテゴリーだけでなく、地域や販売など他の要因と合わせて考えることができ、より効果的に行えます。

基本的には、強いものをより強く、というのが原則です。

機会と脅威

機会と脅威は、外部環境要素です。

機会は、自社の業績を上げるための外的要因です。

上手に活用すれば、自社の業績拡大に有効です。

円高円安で輸出、輸入企業が受けるメリット、高速道路など交通インフラの整備によって商圏が拡大する、駅前再開発による人の集中での集客増期待、イベント開催による集客効果など、外的な要因が自社の業績向上に関わる要因を書きます。

脅威は、放置しておくと自社の業績に悪影響を要因です。リーマンショックなど、世界的経済の悪影響、大手企業の参入による競争の激化、海外企業の日本進出、諸物価の値上がりによるコストアップ、景気向上による人手不足など、取り囲む環境の変化が及ぼす要因を書きます。

機会も脅威も、競合やライバル会社の情報は、戦略立案に不可欠ですので必要不可欠です。

ＳＷＯＴ分析は全社一丸で実施

このＳＷＯＴ分析は、経営者、経営幹部だけでなく、社員、パートなど全社で行うことを強くすすめます。

例えば、経営者や経営幹部が全員男性であった場合、女性からの視点による「強みや弱み」は、なかなか出てきません。

経営幹部が全く知らない強みを、顧客と直接接する女性定員が活用している小売店の例もありました。

他にも分析に必要な要因はあると思いますが、ここではランチェスター戦略で考える経営構成要因という基本に沿って、図表11のワークシートに取り組んでいただきたいと思います。

【図表 11　ＳＷＯＴ分析シート】

第3章シート⑤　ランチェスター戦略　SWOT分析シート

戦略とは勝つための全社的な取り組み方です。戦略構築をする前にSWOT分析で自社の立ち位置を明確にします。

強み（Strengths）、弱み（Weaknesses）、機会（Opportunities）、脅威（Threats）をシートに記入してください。

SWOT分析それ自体はあくまで分析ですが、どのように強みを活かすか？　どのように機会を利用するか？　など分析を活かすところに意義があります。

「強みを活かし、弱みは捨てる」戦略原則活用の為の土台のためにこの資料を作成してください。

	会社の内部要因		会社を取り巻く外部要因	
	強み（Strengths）	弱み（Weaknesses）	機会（Opportunities）	脅威（Threats）
全社				
商品				
地域				
客層				
営業				
顧客維持				
組織				
財務・資金				

5　会社の規模と戦略・戦術、組織のあり方

会社の規模は様々であり、従業員1万人の会社もあれば、社長1人の会社もあります。会社の規模や形態によって、経営戦略を実行していく組織のあり方も決まってきますので、ここで戦略と戦術を合わせて考えていくこととします。まず、基本は、次のとおりです。

戦略立案　　経営者、役員、経営幹部
戦略に基づいた戦術のマネジメント　経営幹部、部長、マネージャークラス
戦術の実行　　リーダー、社員
戦略思考トレーニング　経営者以下、一般社員迄、身につけるべき戦略思考

社員数30人未満の会社の戦略トレーニング

社長以下、フラットの1階建や2階、３階建の組織です。

経営戦略を立案するのは、基本的に社長1人であり、社長の右腕、左腕に当たる役員など幹部も経営戦略に関わります。

実行手段である戦術は、社長以下全員で実行していくことになります。

まず、社長、次に経営幹部の戦略実力を上げるトレーニングが必要です。経営幹部の戦略実力向

上が、会社成長の土台となります。

社員数30人以上の会社の戦略トレーニング

社長以下、組織の中に階層がいくつも出てくる3階建、4階建以上の組織です。各セクションごとに統括する役員や責任者である部長、マネージャーが存在します。

各セクションを統括する役員や責任者であるマネージャーも経営戦略立案に関わります。

各セクションの状況をよくわかっているのは各部門の担当者である役職者ですので、この役職者の戦略実力を上げることが、直接に商品、サービス、営業などお客様が触れるものでの独自化、差別化に繋がります。

また、戦略を戦術として実行していく社員も、実際の活動においては最善の判断を行う場面に直面します。

そこで、経営幹部、マネージャー、リーダーと、会社を支える役職者の戦略実力、更に社員の戦略実力を高めて、戦略思考を持った「人材力」のある会社となる戦略トレーニングが必要です。

社員は基本的に戦術の担当者ですが、会社の規模が小さいときから社員が戦略思考を身につけると会社の規模が大きくなったときに、自発的に考えて動ける集団という状態になり得ると思います。

物事を本質面から判断する習慣がつき、これが会社独自の社風となり文化となり、会社の独自化や差別化を行うときのベースになります。

会社が小さいときだからこそ、戦略思考を身につけていくべきです。

いずれにしても、経営者、経営幹部、社員と立場が違えど、身につけるべき戦略思考のベースは同じであると考えます。

【図表 12　会社役割　戦略戦術置き換えシート】

第3章シート⑤　会社役割　戦略戦術置き換えシート

1. 会社における戦略担当者、戦術担当者を考えるシートです。

※　基本形です。業界、業種、会社規模によって実際は様々に変化します。

	戦略思考	担当戦略		担当戦術
社長	○	○	全社戦略	社員数10名程までは戦術も担当
役員	○	○	全社および担当部門	社員数50名程までは戦術も担当
部長、課長	○	○	担当部門	○　（社員数による）
マネージャー	○			
支店長	○			
係長、リーダー	○			○
社員	○			○

※　社員は基本戦術担当者だが、会社規模、職種によって自ら考え戦略を立てて行動を行うこと。

2. 自社においては誰が全社戦略担当、その全社戦略に基づいた部門の戦略担当者は誰でしょうか。自社に置き換えて考えましょう。

	役職	名前
全社戦略担当		
部門名	役職	名前

6　中小企業の短所を長所に変える方法

中小企業の短所を長所に変える答えが、ランチェスター戦略にあります。

中小企業の現状

中小企業は、実際の経営において、「人、モノ、金」の経営資源の少ない状態に直面しています。売上向上が見込める旬な商品があったとしても、資金がなければできません。みすみす指をくわえてチャンスの旬が過ぎるのを見ているほど残念なことはありません。

人材も、限られた戦力でやり繰りとなります。さらに、時間という物理的限界がつきまといます。ランチェスター法則を経営に活かした公式である「力＝量×質」－大手企業は、この量と量の両方で、企業規模、資本力、売上、実績、社員数、知名度、広告宣伝、支店、営業所などすべてにおいて中小企業より勝っています。業界・業種によっては、こういう大企業と市場で戦わざるを得ない会社も存在します。

短所を長所にどう変える？

この現状で、短所をどのように長所に変えていけばよいのでしょうか。ランチェスターでは、戦略原則の活用の仕方に答えがあると考えています。

例①「人数が少ないことを逆手に取る」

販売地域を広くとっていては、少ない人数では勝てません。しかし、地域を自社の人数でも競合より量である接触頻度で勝る範囲に絞り込み、営業を慣行した場合はどうでしょうか。

顧客には、自分だけを見てほしいという心理があります。大手が売上を維持するために広範囲営業を取らざるを得ない場合、いくら人数が多いといっても限られた地域や客層なら、その局地戦で勝つことが可能な戦略を実行すべきです。人数が少ないことは決して不利ではありません。

大手企業は、広く商圏を押さえてシェアを取るために、提携先の代理店を通じて販売するなど、間接販売を行うことがあります。間接戦は、ランチェスターでは強者の戦略です。

弱者の戦略は、直接戦であり、中小弱者企業は自社の担当者が必ず訪問して販売を行い、自社の責任者がその都度信用を届けに行きます。これも顧客サイドから見れば安心材料です。

例②「人が変わらない」

中小企業は、少数精鋭で運営しています。余剰人員を雇用する余裕がありません。毎年大量に新卒を採用するわけにもいかず、同じ人数の同じ顔ぶれで何年も経営が進むこともあります。新規採用は、したくてもなかなかできないのが中小企業ではないでしょうか。

全国規模で展開している大手企業には、人事異動というものがあります。担当者が数年すると全く違う県などに異動してしまうことは珍しくありません。

【図表 13　弱みを強みに変える現状戦略分析シート】

第３章シート⑥　弱みを強みに変える現状戦略分析シート

自社の現在の戦略をランチェスターの強者の戦略と弱者の戦略に仕分けします。
あなたの会社の現在の経営構成要因は、どちらの戦略でしょうか

基本戦略　：　差別化戦略	基本戦略　：　ミート戦略(即応戦)
接近戦　一騎打戦　直接戦	総合一位主義　多チャネルで販売
近距離戦　狭域戦　※敵の3倍	間隔戦　遠隔戦
隠密戦　軽装備　独自化	広域戦　包囲戦
一点集中一位主義　一点突破全面展開	物量戦　重装備
強い敵とは戦わない、戦わずして勝つ、勝ち易きに勝つ	二位以下に2乗作用という圧力をかける

		戦略			戦略
①	商品		⑤	顧客維持	
②	地域		⑥	組織	
③	客層		⑦	財務 資金	
④	営業		⑧	時間	

その点、中小企業は、同じ担当者がずっと担当することが多いでしょう。ずっと同じ担当者が来るということは、人間関係も熟成されており、内情も経緯も熟知しているということで、大手とは違う安心感があります。

これは、弱者の戦略の接近戦、直接戦の応用です。人数が少ないことは、決して不利ではないと思います。

図表13のシートを用いて弱みを強みに変える現状分析を進めてください。

7　やるべきこととやってはいけないことを知る、共有する

ランチスター経営戦略では、業績の善し悪しを決める原因に基本戦略の取り違いがあると考えています。

二位以下の会社は強者の戦略を使ってはいけない

ランチェスター経営戦略における強者とは、シェア一位の会社だけであり、二位以下の会社はすべて弱者の戦略で運営します。

なぜ、二位以下の会社が強者の戦略を使ってはいけないのでしょうか。

強者の戦略とは、基本的に競合会社と商品、地域、客層、販売方法などで同質化して戦うやり方です。

一位の会社は、市場から得続けている資本力が背景にあります。下位企業が繰り出す差別化に対して常にミートして、差別化を無効化し、量をかけて下位企業のシェアを吸い上げます。

このときに双方が掛け合う量に2乗がついて、成果がアウトプットされます。

このアウトプットされる数字が売上に反映し、量を大量にかけることのできる一位企業に売上が集まることになります。シェアは100%ですので、一位企業がシェアを取ることで、相対的に二位以下のシェアが下がります。

例えば、同質化した商品を販売する特定商圏において、上位企業の営業マンが2人、自社が1人の場合、一見2対1に見えますが、実際の実力差は2乗作用が働きますので4対1です。1投入しても得られる効果性は0・25しかありません。

このとき、この商圏全体から出る売上が100万円であった場合、上位企業は2の投入で75万円の売上に対し、自社は25万円の売上、4分の1しか得られません。

では、上位の営業マンが3人で自社が1人だったらどうでしょうか。

一見3対1に見えますが、本当の実力差は9対1です。これが売上に反映されますので、商圏全体の売上を100として、上位が90、自社は10と10分の1しかありません。これは、1を投入しても見返りは0・1ということですから、営業マンの給料も出ないでしょう。

これが2乗の差であり、上位企業は、この優位性を十分に活かして攻めてきます。

上位との戦い方は

では、量で押して来る上位に対してどう戦ったらよいのでしょうか。

この対策の土台になるのが、会社における経営戦略原則の共有です。

戦略において弱者は差別化が基本ですので、まず、商品も営業の仕方も差別化、独自化が必要になります。限られた戦力でも、差別化で同質化という同じ土俵から脱却し、ある局面に量を集中投入することで局地戦では勝つことが可能になります。

この原則を知れば、自社より強い相手とまともに戦うことが、いかに不利益であることがわかります。また、どう戦えば効果的に「勝つ」ことができるかの思考の源泉となる戦略を理解できます。

戦略とは、全社で実行していくものですから、経営者、経営幹部はもちろん戦略原則を知る必要があり、マネージャー、リーダークラスから社員まで全員で戦略を理解すると、会社の方針が「なぜ、そういう方針なのか」というところで理解が浸透しますので、ベクトルの統一に向かいます。

全社全員で強者としてやるべきこととやってはいけないことを知る。

弱者としてやるべきこととやってはいけないことを知る。

そして、戦略を実行手段の「何をやるべきか」として明確化し実行して、本当の意味で共有化できたときに、「戦略思考」を一人ひとりが持った、自分で考えて行動できる強い人材集団となると思います。

8　断層を埋める社内戦略研修のススメ

経営者と社員の間の断層

経営者と社員の間には、立場に違いからくる断層があるといわれています。

経営者と社員のほかには、経営者と経営幹部、上司と部下というように、立場の違いからくる断層があり、この断層によって、合わせなくてはならないベクトルにずれが生じて、本来の目標を達成することができなくなっていることがあります。

筆者は、ランチェスター経営戦略の「戦略思考」を社内に浸透させて共有化を図ることで、この断層を埋めることを提案し、研修を行っています。

断層が解消されると同時に目標が共有でき、さらにその達成のために何をすればよいかまで、実践的に明確になりますから、計画化して実行していくことで成果に繋がります。

ランチェスター経営戦略が有効な理由

ランチェスター経営戦略が断層解消や層解消に有効なのは、以下の理由です。

(1) 目標をシェア一位づくりに置いている

売上に合わせて一位づくりという目標があることが大きなポイントです。シェア一位企業は、粗利益率も利益率も業界平均より高いので、その差額は社員の給与など待遇に反映されます。

中小企業でもシェア一位になると実現できる状態であり、経営者のために仕事をするのではなく、自分たちの一位づくりのために行うという考え方に繋がります。一位づくりが評価に繋がる場合は、認めてほしいという認知欲求にも訴求します。

(2) 経営幹部、社員に「戦略思考」が浸透し、会社の体質が戦略思考になる

戦略思考というのは、起こっている現象の根本原因である本質を捉え、目標を実現するための行動を戦略面から構築していく考え方です。

社員が戦略思考を持つことで、何ごとも表面的な解決だけでなく、根本的な解決策を取る習慣が根づいていきます。社内に共通思考と言語ができますの、ベクトルも一致してきます。

(3) 強者と弱者の戦略研修で会社の立ち位置がわかり、根本対策を取ることができる

ランチェスター経営戦略では、シェアの順番によって取るべき戦略が決まります。シェア下位で弱者なのに強者の戦略をとっていた場合、戦略の取り違いですから、弱者の戦略に直す必要があります。

何が上手くいかない原因なのかを、戦術ではなく、業績の根本原因である「戦略面」から理解できますので、全社全員戦略面から根本的に対策から取り組みことができます。

⑷　経営的な観点から「戦略思考」ができるようになる

戦略を立てるとは、経営の根幹にかかわることなので、戦略思考を通じて経営者の思考に近づいていきます。

売上を上げるために必要な「戦略思考」も、実行を伴いながらトレーニングすることができます。例えば、競合会社との売上競争において、訪問接触量で負けているとします。前線の営業マンが戦略原則を知っていれば、負けている理由が自社の状況にあることが明確にわかります。

その限定された条件の中で、どうしたら勝てるのかということを、戦略的に思考するようになります。

筆者の経験上、ランチェスター戦略で上手く売上を上げている会社は、社長以下、専務や常務、部長など、経営幹部がまず会社の誰よりも「経営戦略原則」を覚えることに真剣に取り組みます。試行錯誤の末に身につけて、実行していきます。

実際には経営幹部から指示が出ますので、順番もウエート的にも経営幹部から戦略思考トレーニングに取り組み、次に社員全体で研修し、会社全体で共通思考と言語を持ち、よりよく体質改善してほしいと思います。

第4章　商品戦略

1　強い武器を手に入れて社員に渡そう

お客様に提供し、お金をいただく商品。この章では、商品戦略について触れます。

商品戦略は、ランチェスター戦略で考える3本柱の1つです。

競合会社と同じ商品では、お客様に選んでいただけません。市場では、競合会社と競争をしていますので、強力な競合会社がひしめく市場で同質、または弱い商品で戦った場合、前線の営業担当者は大変だと思います。

中には、個人のスキルで売ってくる営業マンもいると思います。エース社員は、全体を引っ張るので必要なのですが、会社としては個人スキル頼みではなく、誰が担当しても一定の売上が上がる仕組みで運営しなくては安定した売上が上がりません。

事前から自社に優位な状況をつくっておくのが戦略的な環境づくりであり、商品戦略はその要になるところです。

市場で勝ち抜ける商品力のある強い商品をつくるために、商品戦略を考えていきます。

実際に戦略を構築する際には、商品単体で考えるのではなく、他の経営構成要因と関係性をもって商品戦略を構築していきます。ベースになるのが、ランチェスターの戦略原則になります。

社員が働きやすい職場環境をつくるのが会社の仕事であるのと同時に、社員が販売しやすい強い武器を手に入れて社員に渡しましょう。

ここから先は、経営者、経営幹部、社員で共有して考えていくと効果性が高くなります。

2 強者の商品戦略、弱者の商品戦略

商品戦略にも強者と弱者の商品戦略が存在します。

強者の商品戦略

強者の基本戦略は、ミート戦略です

自社の業界や地域、客層でのシェアを調べて、一位シェアを持っている企業であれば、商品の品質に磨きをかけて競合が追いつけないようにする必要があります。

強者の基本戦略はミート戦略ですので、商品ラインナップを充実させて総合化を図り、シェアの総取りを行い、資本力など量を活して下位企業が繰り出す差別化商品に資本力など量を活してミートし同質化を図り、下位の商品が持つ強みを無効化します。

弱者の商品戦略

弱者の戦略は、差別化が基本です。

商品の差別化や独自化を図り、上位企業との同質化から発生する圧力を避けます。1点集中、1点突破、個別撃破、強い敵とは戦わない、戦わずして勝つなど、弱者の戦略を商品戦略に応用します。

大手が扱わない商品、手間のかかる手造り商品、人の能力が中心になる商品などが、弱者の商品戦略になります。

客層に対する新しい価値の提供も商品の独自化です。

スターバックスは、店舗を、自宅でもない、会社でもない「第3の場所」と位置づけ、コーヒーを飲みながら過ごす空間を商品として販売しています。

コーヒー自体は古くからある商品ですが、独自化したコンセプトの空間を提供することによって、他コーヒーショップとは差別化されたオンリーワンの存在になっています。

3 商品の差別化の社内共有の仕方

価格競争という言葉があります。価格競争になる理由の1つに「商品の同質化」があります。商品が同じであれば、少しでも安いほうが選択されます。そこに利益はあるでしょうか。

商品戦略というのは、難しいのですが、難しいからこそ弱者は商品戦略を考え抜いて構築すべきです。その鍵は、他の戦略構成要因との兼ね合いにあります。

では、ワークシートを参照いただきながら、商品戦略を進めていきます。

(1)　ＰＰＭ（プロダクト・ポートフォリオ・マネジメントマネジメント）分析

商品の現状分析として商品のＰＰＭ分析を行います。ＰＰＭでは、市場の成長性と占有率・利益性で２つの軸を取り、現状分析を行います。この方法により、各商品の立ち位置が明確になります。

商品にはライフサイクルがありますので、今利益を出している商品があったとしても、いずれは「負け犬」と呼ぶ成長性も利益性もない商品となります。そうなるまでに手を打つ必要があります。

自社の商品を売上高に応じて円で表現し、４つの枠の中で示していきます。

・花形商品……現在成長性も利益性の高い商品
・問題児商品……市場に投入したばかりで成長性は高いが利益性の低い商品
・金のなる木商品……成長性はないが利益性を維持している商品
・負け犬商品……成長性も利益性もない商品

その際、商品ごとにマーケットシェアを明確に出します。

商品ＰＰＭ分析をランチェスター戦略の視点で見ると、シェアの高い商品が低い商品よりも高収益を上げている傾向がよく見てとれます。

新規事業には、投資がすぐに利益を産まないことなどもわかります。

各商品ごとのシェア数値を明らかにして、収益を上げている要因を明確にした上で商品戦略構築に進みます。

商品ＰＰＭ分析シートとその事例は、図表14、15のとおりです。

【図表 14　商品ＰＰＭ分析シート】

第4章シート①　商品PPM分析シート

PPM(プロダクト・ポートフォリオ・マネジメントマネジメント)分析

PPMは、市場の成長性と占有率・利益性で2つの軸を取り、現状分析を行う方法です。

この方法を取ることで各商品の立ち位置が明確になります。
※商品ごとに売上を円の大きさで表現して表上に表してください。円が重なることや分類を跨ぐこともあります。

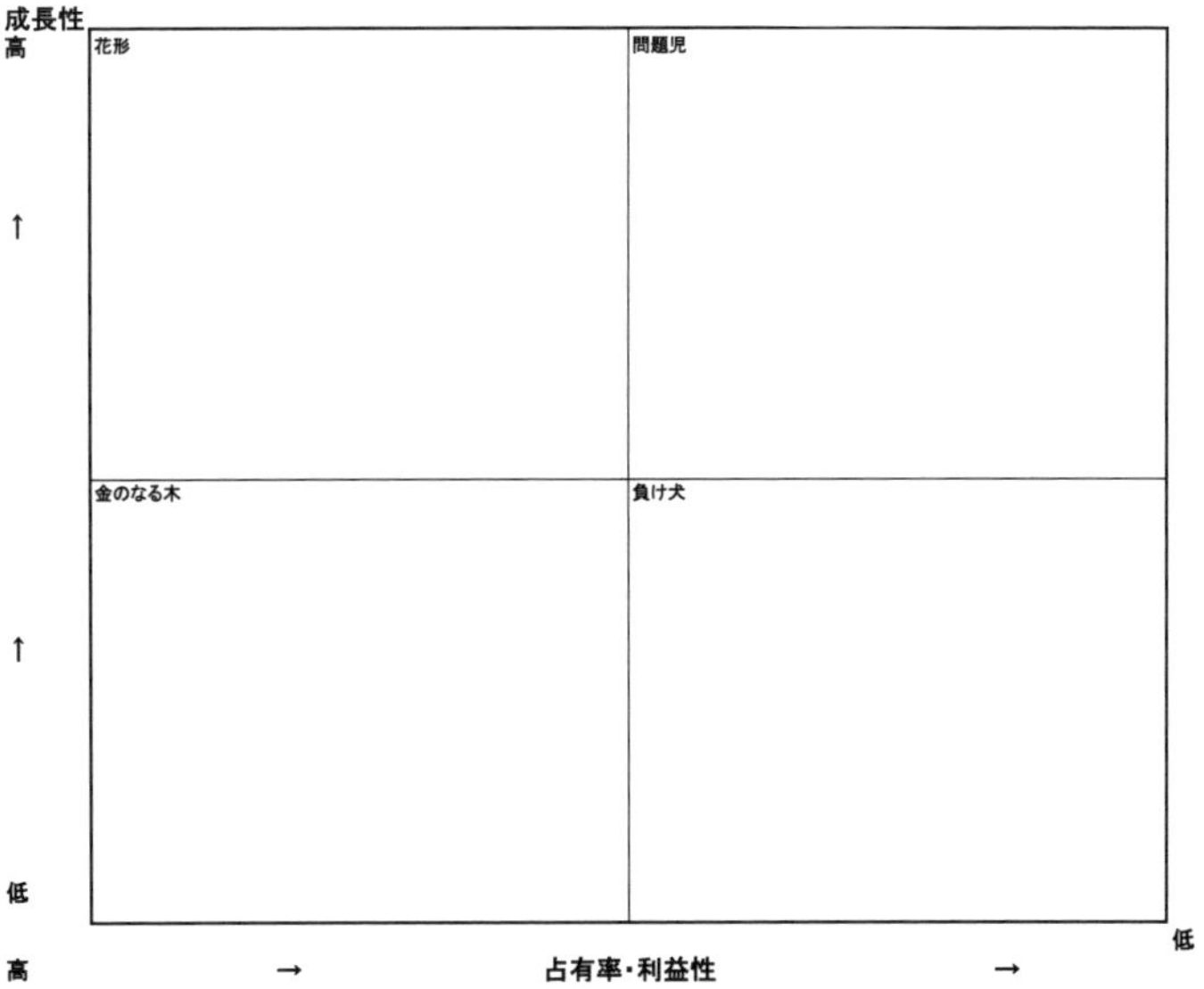

【図表 15　商品ＰＰＭ分析シート・事例】

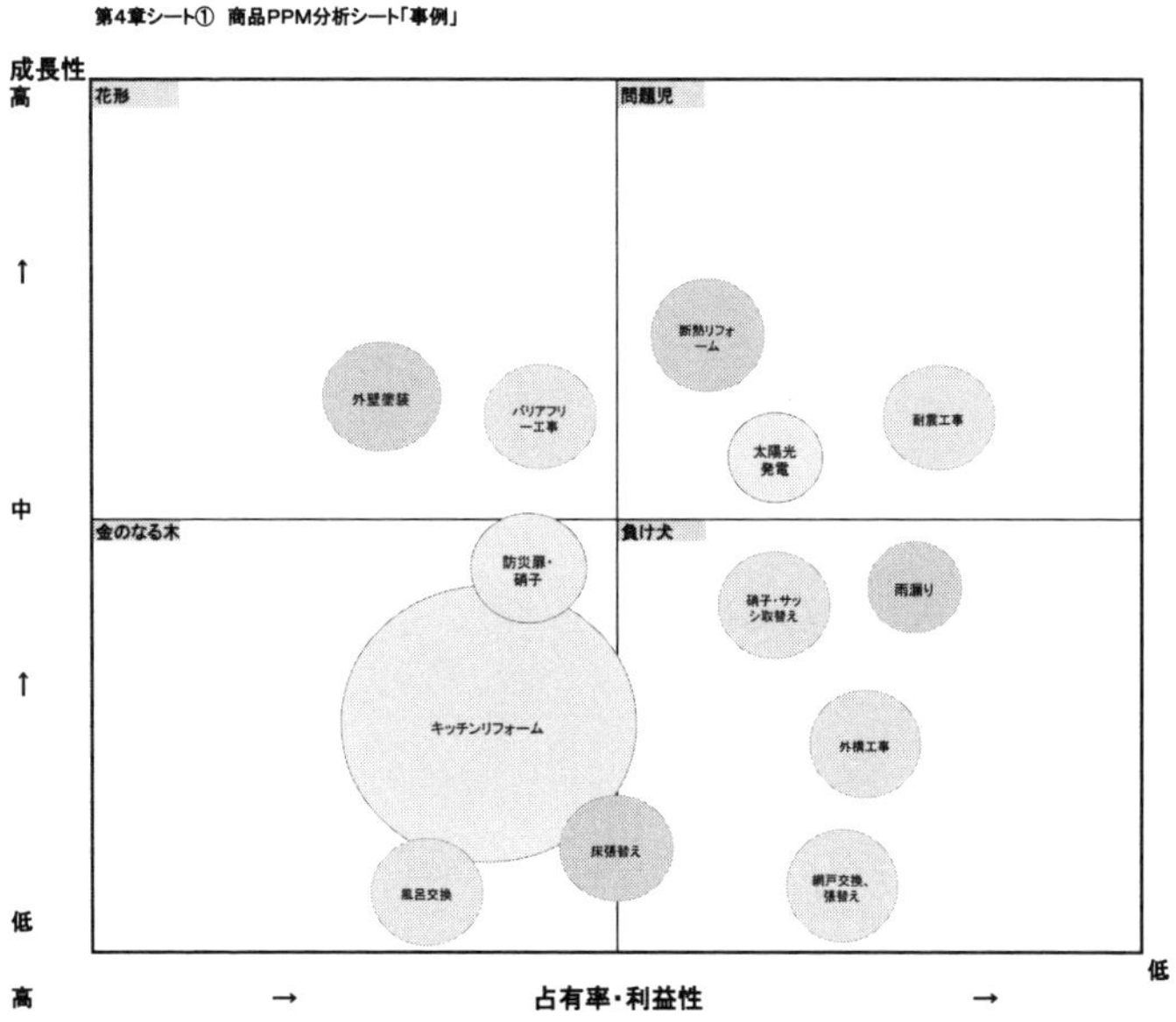

(2) 商品　現在中心と範囲シート（図表16参照）

自社の販売する商品の現在の中心と範囲を整理します。

① 自社の業種を記入してください。
② 自社が販売いている商品、製品を書いてください。
③ この中で売上の中心となっている商品とその用途を書いてくださ い。
④ この商品の競合会社を書いてください。ランチェスター戦略では、競合との差別化、独自化が重要ポイントです。
⑤ 中心商品が持つ強みや差別化ポイントを書いてください。

商品戦略構築の土台となります。

(3) 強者と弱者の商品への仕分け（図表17参照）

自社の扱う商品は強者の商品か弱者の商品かを明確にします。

なぜ、この仕分けを行うかについての理由は、自社の商品の立ち位置を掴むためです。

大企業を含む競合他社と同質化している場合、商品の差別化や独自化を徹底しないと勝てない場合があります。

この場合の勝てる、勝てないについては、地域性、業種性などによって、各社異なり、打つ手も異なりますので一概には言えません。

極端な例ですが、離島のような小さい商圏だけで商売を行っている場合、市場が小さいので大企

【図表 16　商品　現在中心と範囲シート】

第4章シート②　商品　現在中心と範囲シート

このシートは、現在の商品戦略の状態を分析するシートです。
シートに書き込むことで商品戦略の基本状況を把握します。

1 自社の業種を記入してください。

業種

2 自社が販売している商品、製品やサービス（以下、商品）を記入します。範囲となります。

3 この中で売上の中心となっている商品を記入します。

商品、製品、サービス名	この商品の機能や用途を記入します。

4 この商品の競合商品を記入します。

5 この中心商品が持つ特徴、他社には無い強み、差別化ポイントを記入してください。
競合に勝ち、顧客に選択していただける強み。 競合との差別化。独自化。
※ 他社より強い、または差別化された商品など戦略的理由を書いてください。
・用途、ブランド、見た目、形サイズ、機能、価格ほか

・この手順が基本となります。ランチェスター戦略では商品戦略に戦略原則を応用し、
「勝ち易きに勝つ」商品戦略を実現し、売上アップを目指します。

【図表 17　強者の商品、弱者の商品仕分けシート】

第4章シート③　商品　現在中心と範囲シート

現在、販売している商品を強者の商品なのか、弱者の商品なのか明確にします。
一環した戦略を構築するためです。

自社の商品の中心、最大範囲ともに、強者か弱者か商品戦略を選択して書いてください。

強者の商品戦略
基本戦略：ミート戦略（即応戦）
※総合一位
※弱者の粗利益の補給源を断つ
※弱者が強くならないように事前に手を打つ
間隔戦、確率戦、遠隔戦
不特定多数相手
商品の数を多くし複合戦
確率戦の実施で二乗作用を上げる
中心となる商品で占有率26%
本業に近い業種にも進出で総合戦
資本力

弱者の商品戦略
基本戦略：差別化
※小規模一位主義
※部分一位主義
※個別目標達成主義
攻撃目標と競争目標の分離
業界上位、大きな会社とは戦わない
二乗作用の回避
戦わずして勝つ、勝ちやすきとこで勝つ
競争相手がいても弱い商品、サービス
改善、革新、ニッチ、細分化
自社の中で一位を見つける、作る、育てる

中心商品名	戦略
範囲商品名	

業など大手が全く入ってこないことがあります。

そこでは、規模が小さい会社でシェア独占が可能であり、全く差別化などする必要もないケースもあります。

差別化や独自化など取るべき戦略の選択は、競合会社との力関係で決まりますので、人口の少ない離島で街に1つしかないスーパーが扱っている商品が、大量同一生産型の強者の戦略商品でも全く構わない、むしろそうでないといけないといえます。

しかし、小さい企業が、競争が激しい東京や大阪など大都市のど真ん中で全く差別化せず、どこでも仕入ができ、どこでも販売できる商品で戦っては勝てないと思います。

⑷　商品の真の用途（図表18参照）

商品というのはモノであり、商品を通じて、顧客の持つ課題の解決をしています。また、顧客のニーズを満たす、新しい価値の提供など、商品というモノを通じて本当の価値を提供しています。これを「商品の真の用途」と呼んでいます。

近江商人の教訓に「お客の好むものを売るな、お客のためになるものを売れ」というのがあります。この近江商人の教訓は、次のように本質を示唆しています。

- お客様は本当に欲しいものをわかっていない
- お客様のためになるものを売るべきである
- お客様の言なりになるのではなく、お客様の本質的な課題を満たす商品を売るべきである

【図表 18　商品の真の用途シート】

第4章シート④　商品の真の用途シート

1. 商品は、その「モノ」それ自体を購入することで、本当に得る事のできる「コト」を提供しています。
2. 独自性を生む、商品の差別化、独自化は「商品の真の用途」の差別化から生まれます。

（ア）　現在、販売している商品について

①　現在、会社で販売している商品・サービスを記入してください。

②　販売している商品・サービスの中心を記入してください。
※　商品の中心は将来シェアー位を目指す商品になります。

③　販売している商品・サービスの最大範囲を記入してください。
※　最大範囲は取扱商品の範囲を示し、それ以上は販売しない限界範囲を指します。

（イ）　販売している中心商品の「商品の真の用途」を明確にする。

①　中心商品の表面上の用途を書いてください。
※　機能上の用途など

②　中心商品の「真の用途」を書いてください。
お客様がこの商品を買うことで本当に得ることのできる「コト」は何でしょうか。

お客様の真の用途を解決する、満たす商品を販売していくのが、商品販売のプロです。

商品が持つ表面上の用途を販売するのと同時に、その商品が解決する、または満たす本質的な用途を販売して、お客様の仕事や人生に価値を提供するのです。販売しているのは、「真の用途」という価値であり、その価値を認めた顧客にとっては、なくてはならない存在となるはずです。

商品を通じて顧客の問題解決をしている会社の1つとして、アデランスが上げられます。

アデランスは、男性向けかつらのメーカーですが、かつらをつけることで見た目がよくなり、自分に自信を持ち、仕事で成功する、異性からもてる、結果、よい人生が送れる―と、かつらが持つ用途をスイッチングして行っています。

自社が販売している表面上の用途から1歩踏み込み、商品の真の用途を明らかにすることから商品の差別化、独自化に繋がります。

4　一点突破全面展開の戦略

必要な一位商品

一位の商品があれば、販売戦略上、営業がしやすくなります。

しかし、一位の商品をつくるために絞り込みをかけた場合、弱い商品かもしれないが、自社の売上を支えている商品がたくさんあって、その商品を絶対に捨てるわけにはいかない、ということが起こります。

その場合、売上は生命線であり、とても大事ですので、捨てるわけにはいきません、しかし、他社と同質化した商品では、市場では勝てません。この場合、どうしたらよいでしょうか。

そこで活用したいのは、「一点突破全面展開」という戦略です。

この戦略原則を商品戦略に応用をすると、1点の差別化、独自化された商品で市場を突破し、お客様との関係を築いてから、他の商品群を販売していくやり方が取れます。

例えば、九州長崎県のテーマパーク「ハウステンボス」は、世界一のイルミネーションの数で集客しています。春になると世界一「100万本のバラ祭」と一位をつくって、その一位効果で集客しています。

また、飲食店では、看板メニューがあるのとないのとでは訴求効果が違います。中華料理のメニューというのは同質化したメニューが多いのですが、何か強力なメニューが1点あり、その看板メニューで集客を図り、あとのメニューを販売していくのです。

「餃子の〇〇」と餃子を看板メニューとしている中華料理店がありますが、来店して「餃子」だけを食べて帰るというお客様はほとんどいないでしょう。「餃子」だけでなく、様々な料理やドリンクを注文します。

「餃子」で一点突破して、他のメニューを販売するやり方です。

飲食店は、口コミ、紹介も来店率を左右しますが、紹介されるのは一位の商品のみ。

例えば、「○○地域で一番美味しいラーメン屋を教えて」と、聞く方も一番美味しい所を聞くでしょう。

わざわざ3番目に美味しい所ってどこ？　と聞く人はまずいません。

答えるほうも、「一番美味しい店は○○」だと、自分にとって一番美味しい店を紹介すると思います。「3番目に美味しいのはこの店」という紹介はしません。

この場合に、看板メニューがあるのとないのとでは、訴求効果が全く違います。

市場を突破する力のある強い一位商品

これは様々な業種に当てはまることだと思います。図表19のワークシートでは、商品での「市場突破」に絞り込んで考えてください。

ランチェスター商品戦略の要点である一点集中商品における市場突破を考えながら、このシートに取り組むことで、自社商品の見直しから、商品だけでなく、販売やサービス、地域性、客層、組織とも絡みますので、自社の戦略を考えることができます。

強み、特徴、他社との差別化、独自化、ブランド、技術など理由を書いてください。

会社の商品は何の業界、業種、分野、製品、カテゴリーにおいて一位を実現するのでしょうか。市場で勝てる理由と、何で一位になるかを明確にするシートです。

【図表 19　一点突破集中シート】

第4章シート⑤　一点突破集中シート

自社の商品を書き出します。競合他社も書き出して、競合から「勝ちやすきに勝つ」ために段階的に、商品の絞り込みを行う演習シートです。

商品の機能、性能、付加価値、付随するサービス、販売方法を書き出し、勝てる要素があるまで絞り込みを行ってください。

商品			
競合他社			
商品	①	・自社の現在の商品で市場を突破する力のある商品は何でしょうか。	絞込み
商品	②	・どう差別化、独自化を行うとよいでしょうか。	↓
商品	③	・商品の価値を上げる、サービスや付加価値は何でしょうか	↓
商品	④	・大手始め、強い敵ができない、独自の商品やサービスは何でしょうか。	↓
商品	⑤	・一点突破勝てる商品は何でしょうか。	↓
客層	①		絞込み
客層	②		↓
客層	③		↓
客層	④		↓
客層	⑤		↓
商品の真の用途	①		絞込み
商品の真の用途	②		↓
商品の真の用途	③		↓
戦略根拠			

第5章　組織で深堀りを行う客層戦略

1　わが社のお客様は誰？　私のお客様は誰？

ランチェスター戦略では、客層においても一位づくりを目指します。

ランチェスター戦略応用のコツは、客層戦略にあります。。客層が違えば、販売方法や営業の仕方が変わってきます。

本書では、「何を」である商品からスタートしていますが、客層からの商品コンセプトづくりが通常であり、客層戦略の深堀りの中で、商品戦略、その他の戦略を見直し、修正していきます。

2つの客層＋1

客層は、大きく次の2つに分かれます。

① 法人向け販売のＢ to Ｂビジネス

② エンドユーザー向け販売のＢ to Ｃビジネス

Ｂ to Ｂビジネスでも、Ｂを通じて最終的にはエンドユーザーに販売している場合は、Ｂ to Ｂ to Ｃビジネスとして考えて戦略を立てます。したがって、

③ 法人を通じてエンドに販売する　Ｂ to Ｂ to Ｃビジネス

という3つ目も考えていく必要があります。

①　法人向け販売のＢtoＢビジネス

メーカー、商社、一次代理店など、販売先が法人客である場合の客層戦略になります。ランチェスター経営戦略は、シェア一位を目指しますので、ＢtoＢビジネスにおいてもシェア一位を目指します。

販売先が強者であった場合、強者が強者を維持する中での商品戦略になりますので、供給する側が弱者であっても商品戦略に強者の側面が入ります。

②　エンドユーザー向け販売のＢtoＣビジネス

エンドユーザーに直接販売を行うＢtoＣビジネスです。

商品戦略は、客層の中心が明確になっていないと確立されません。それには、「誰に売るかが」が明確になっている必要があります。

強者と弱者の戦略原則をベースに、客層の中心を明らかにしていきます。

③　法人を通じてエンドに販売する　ＢtoＢtoＣビジネス

間接販売となりますが、代理店、小売店などを通じて、自社の商品を最終的なエンドに販売します。

間接販売の流通、代理店向け対策でもシェア一位を目指しますので、何処を押さえていくかが戦略的な決定になります。

販売店の中でも力のある強い商品でなくては、販売店の売上に貢献できず、力を入れて販売をしてくれないので、一位でなくてはなりません。二位以下の場合は、その販売店の中で一位となるために何をすればよいのか戦略を立てて実行します。

2　客層における強者の客層戦略と弱者の戦略

商品・地域・客層の一致という大原則があります。強者の戦略と弱者の戦略が混ざり合った状態では、戦略に統一性がなく、上手くいきません。両方の戦略を活かした「中間者の戦略」を取ることもありますが、強者と弱者と戦略原則を十分に活かして行うやり方になります。

客層にも戦略原則が該当しますので、見ていくことにしましょう。

強者の客層戦略

強者の戦略は、総合一位主義にあります。客層戦略でも、消費量の多い業界や客層を選び、シェア一位を目指します。

日本の基幹産業の1つである建設業、この中で住宅事業というものがあります。日本を代表するＬＩＸＩＬ、パナソニック、ＴＯＴＯなどのメーカーが存在します。

住宅で使う、水回りのキッチン、ユニットバスのような住宅資材は、日本中の人が使いますので強者の客層になります。

トヨタ自動車は、強者の客層戦略です。日本の自動車産業におけるシェア一位で40％以上のシェアを維持しています。

トヨタは、コンパクトカーからミニバン、セダン、スポーツカー、ハイブリッドカー、クラウン、レクサスのような高級車まで、フルラインでラインナップを揃えています。

また、グループ会社には、軽自動車のダイハツがあり、トラックの日野自動車まであります。

さらに、販売においても全国に販売店をつくり、別会社である販売会社同士の競争になるほど、多チャンネルで販売し、日本全体の客層をカバーしています。

弱者の客層戦略

客層の差別化、一点集中になります。競合に勝つには、自社の経営資源で勝てる市場を絞り込むことです。戦わずして勝つ、勝ち易きに勝つ、ターゲット客層設定が肝心です。

弱者の目標選別の原則で客層の細分化を行い、特定の「業種」「規模」「属性」「職業」による細分化など、顧客に絞り込んだ客層ターゲット設定になります。○○専用というのも弱者の客層戦略になります。

ターゲット客層の性別・年齢・職業・キャリア・年収・趣味・ライフスタイル・婚姻・家族構成・

友人・居住地・価値観・世代など、属性や行動様式を細分化して明確にし、ターゲットを絞り込みます。

・バラの花が好きな、子育てが一段落した世帯年収の高い50歳以上の主婦をターゲットとした庭のリフォーム
・一般は捨てて、職業人、プロの農機具、機械工具のみに絞り込んだ金具屋
・高齢者や障害者専用の旅行代理店
・ファミリー層を捨て、年代の高い客層の「お2人連れ専用」に絞り込んだ旅館
・都心への沿線で通う子育て世代に特化した「○○沿線」専用の戸建て住宅
・惣菜に絞り込み、惣菜ラインナップでは大手スーパーを凌駕している中小スーパー
・小学校区2区の小学生、未就学児に特化した誕生日ケーキ中心の洋菓子店差別化、絞り込み独自化には、このように様々な視点があります。

3　ビジネスにおける顧客分析

顧客リストづくり

現在の自社のお客様はどういう属性の人が中心なのか、客層戦略を構築する際にも自社の客層の

状況を確認します。

顧客リストを充実させると、そのリストの中から戦略構築に至るヒントを得ることができます。

顧客リストに載せるデータは、顧客の属性のほかに、来店頻度、購入頻度、購入単価、紹介頻度、店舗であればどこから来たのか、どこに行くのか、営業方法など、戦略構築のヒントになるデータを独自に考えてリストを充実させてください。それにより、戦略構築のベースとなる顧客リストの差別化、独自化を図るのです。

顧客データの活かし方の好例

東京の銀座の都市の中心の繁華街で経営しているある美容院の店長は、それまで来店する顧客が「どこから来て、どこに行くのか」全く気に留めませんでした。

その美容院の客層は、年収が高い世帯のご婦人が多く、年代は55歳以上から80代と高く、落ち着いた方が多い傾向があります。

そこで、担当スタイリストが顧客に聞いてみると、買い物、友人と食事、お茶、美術館や展覧会を観る、歌舞伎や舞台の観劇、カルチャー等の稽古事などの用事と重ねて来店していることがわかりました。立ち寄る具体的な場所、店名なども把握しました。

そもそもこの店は、代金もそれなりの値段で、グレードの高い客層しか来店していませんでした。

そこで、この美容院は、店舗の宣伝用のポストカードを作成して、顧客が実際に立ち寄る店舗や店を回りお願いをして、いくつかの店に置いていただきました。

この美容院の中心客層が立ち寄るお店にそのカードが置いてありますので、あちこちで客層は目にすることになります。

価値観、行動様式が同じ未来店の方にも訴求効果があり、このカードを見て美容院に来店する方が出始めました。

さらに、カフェなどでは、美容院の顧客が待ち合わせした友人にその店で目にしたカードで紹介するということも生まれました。

これは、顧客データを整備する目的で顧客ヒアリングを実施した中で出てきたデータを活かしてのやり方です。

競合が宣伝しないルートを使っての販売戦略ですので、差別化されていて、競合も簡単には真似ができないやり方であるところに価値があると思います。

顧客リストを整備の成果

実際に顧客リストを作成、または今あるリストを整備してみましょう。

業種によってリストに載せる項目は追加するものがあると思います。

対法人型のＢtoＢ型も、対エンドユーザーのＢtoＣ型も図表20、21のワークシートをベースとしながらオリジナルの顧客リストを作成しましょう。

【図表 20　顧客リストシート　対法人ＢtoＢ型】

第5章シート① 顧客リストシート　対法人BtoB型

作成日 平成　年　/更新日 平成　年　月　日

顧客、取引先名	取引内容、工事名等	取引開始年月日	取引先先住所、場所
(例)〇〇株式会社	建築資材・木製パネル	平成27年4月1日	名古屋市中区千代田3－27
代表者	担当者	売上、取引高	粗利益
〇〇一郎氏	△△課長	円	円
新規＆リピート	新規原因	契約迄の面談数	頻度
新規	〇〇会社加藤様の紹介	3回	1回目
顧客ランク	会社の内容	属性など	顧客の特徴
A	創業60年に老舗　年商は30億程度	名古屋市内工務店では第7位シェア	檜の家、天然木の家、木造住宅に特化
		(ハウスメーカー除く)	
競合となった所	契約の決め手、要因	備考、その他	
□□木材	当社の方がラインナップが豊富	将来、担当者交代の可能性あり	

【図表 21　顧客リストシート　対法人ＢtoＣ型】

第5章シート② 顧客リストシート　対法人BtoC型

作成日 平成　年　月　日　　更新日 平成　年　月　日

顧客、取引先名	取引内容、工事名等	取引、工事等、年月日	住所、場所
(例)鈴木ヒロシ邸	戸建、キッチンリフォーム	平成20年4月1日	名古屋市中区千代田3－27
売上、取引高	粗利益	新規＆リピート	新規原因
円	円	新規	加藤さんの紹介
頻度	顧客ランク	年齢、家族構成	属性、職業など
1回目	A	主人34歳、奥さん30歳、年長1人(女の子)	トヨタ系の製造メーカー勤務、年収500万
顧客の特徴、趣味、ライフスタイルなど	競合となった所	備考、その他	
アウトドア好きな家族、休日はキャンプもす	ベスの家(ログハウス)	将来、奥さんの両親と同居の可能性あり	

4　ＢtoＢビジネスにおける顧客ＰＰＭ分析

伸びている客層、伸びていない客層が明確に

ＰＰＭ（プロダクト・ポートフォリオ・マネジメントマネジメント）分析の手法を使って、自社の顧客分析を行います。

ＰＰＭは、市場での成長性と占有率・利益性で２つの軸を取り、現状分析を行う方法ですので、自社の顧客ＰＰＭ分析を行うことで、伸びている客層、伸びていない客層などが明確になります。

ＰＰＭ分析活用事例

あるメーカーでは、実際に顧客ＰＰＭ分析で調べたところ、今まで気がつかなかったのですが、前年伸び率が数倍になっている販売先企業があることがわかりました。

自社のその販売先でのシェアは3位でした。メーカーのＢtoＢ型においては、自社の販売する商品が販売先で一位シェアであることが肝心です。販売先企業は、自らの売上のために一番力のある商品を一番に販売してくれるのが常で、一位効果を活用するために一位になる必要があります。

そこで、エース営業マンを投入して、先方への訪問頻度と接触回数を競合の倍以上に上げる一方、

販売先の企業を研究して、販売先の主力足り得る差別化商品を合わせて投入しました。

1年ほど時間はかかったのですが、この戦略と戦術で上位の2企業を逆転、シェア50％占める一位になることができました。

今では、この販売先企業の成長とともに、順調に売上を伸ばしています。

まさに「情報なくして戦略なし」です。このような基礎データが戦略構築の土台となります。

1度調査を行っておけば、ベースができますので、ぜひ取り組んでいただきたいと思います。

ＢtoＢ対法人型ＰＰＭ分析手順

自社の客層の属性を売上高に応じて円で表現し、4つの枠の中で示していきます。基本の分析の方法は、商品ＰＰＭと同じです。

この顧客ＰＰＭは、利益性だけでなく、①利益　②売上　③粗利益の3つで分析を行うと、売上はあっても利益性が薄い顧客、量は少なくても粗利益率の高い商品を販売している顧客など、現在の顧客の状況をより把握することができますので、戦略構築に有用です。

・花形顧客……現在成長性もあって利益性も高い顧客
・問題児顧客……成長性は高いが利益性が低い顧客
・金のなる木顧客……成長性はないが利益性を維持している顧客
・負け犬顧客……成長性も利益性もない顧客

第５章　組織で深堀りを行う客層戦略

【図表 22　顧客ＰＰＭ分析シート】

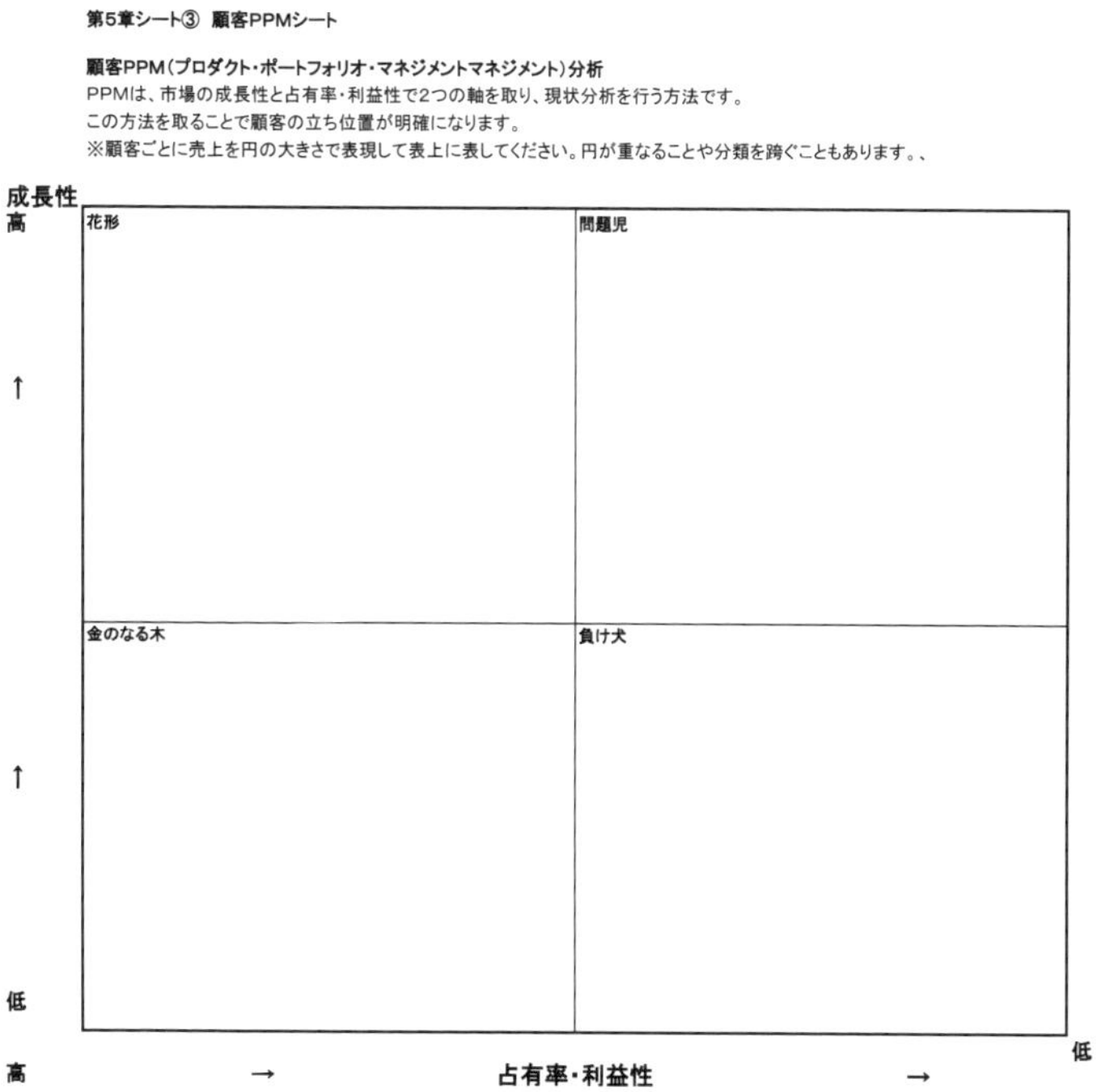
第5章シート③　顧客PPMシート
顧客PPM（プロダクト・ポートフォリオ・マネジメントマネジメント）分析
PPMは、市場の成長性と占有率・利益性で2つの軸を取り、現状分析を行う方法です。
この方法を取ることで顧客の立ち位置が明確になります。
※顧客ごとに売上を円の大きさで表現して表上に表してください。円が重なることや分類を跨ぐこともあります。、
成長性
高
↑
↑
低
花形
問題児
金のなる木
負け犬
高
→
占有率・利益性
→
低

5 販売先のリサーチ

戦略を立てるに当たり、販売先をリサーチします。

対法人型のＢtoＢビジネスにおける顧客分析も顧客リストを整備するところから始まります。

ＢtoＢビジネスにおけるランチェスター戦略は、販売先で自社の商品シェア一位を目指します。一位であれば、二位以下に逆転されないように戦略を実践して一位の座を維持し続けます。

ランチェスターでは、このデータを元に取るべき戦略を構築、決定していきます。

図表23の販売リサーチシートは、取るべき戦略を明確にするために作成する顧客シートです。1つの販売先を対象として作成します。したがって、販売先ごとに作成を行い、販売先ごとに戦略を立てていきます。

図表23の最後の段階で、1商品における販売先の総需要の中で、自社、競合のそれぞれのシェアを出します（販売先で　総需要を自社と競合の売上で割ればシェアが出ます）。

このシートを作成することで、自社の販売先におけるシェアが明確になりますので、一位であれば強者の戦略を取る必要があり、二位以下であれば弱者の戦略を取る必要があります。その戦略決定のための土台となる資料です。

例えば、自社の順位は販売先において5社中三位とします。ランチェスター戦略には、「競争目

【図表 23　ランチェスターＢtoＢ 販売先リサーチシート】

第5章シート④ ランチェスターBtoB 販売先リサーチシート

※ 商品数や競合会社の数は現状に合わせて設定してください。

	販売先の客層・法人名	販売先部署、担当者名	担当者名	販売　中心商品名	その他の販売商品

	商品名	売上（千円）	粗利益（千円）	粗利率（%）	販売先自社シェア
1		千円	千円	%	%
2		千円	千円	%	%
3		千円	千円	%	%
4		千円	千円	%	%
5		千円	千円	%	%
6		千円	千円	%	%

自社商品の競合との特徴、強み、差別化	競合会社名を書き出してください

競合会社名	競合商品名	競合売上高	競合商品別シェア	自社と競合のシェア差
1		千円	%	
		千円	%	
		千円	%	
		千円	%	
2		千円	%	
		千円	%	
		千円	%	
		千円	%	
3		千円	%	
		千円	%	
		千円	%	
		千円	%	

標と攻撃目標の分離」という戦略原則があります。

これは、「強い敵とは戦わない」「足下の敵を叩け」という原則と通じて、自社より上位の一位、二位企業は自社より強いので当面は戦わず、競争せず、自社より下位の四位、五位の会社に同じ商品をぶつけるなどして攻撃をかけ、シェアを取りにいくやり方です。

このシートづくりは、経営者、経営幹部は元より、実際に販売先と接している営業担当者にしかわからないことや調査が必要な事項がありますので、営業担当者を巻き込んで行うべきワークです。

6　客層プロファイリングによる差別化訓練

客層の中心を見つける

自社であらかじめ「勝ち易きに勝つ」目標設定を行うのが、弱者の戦略です。目標に向かって会社は全員で進んでいくわけですから、この目標が間違っていた場合、全社全員で間違った方向に進んでいくことになります。

そこで、勝てる目標設定をしなくてはいけません。弱者の戦略で目標を見つけるときの原則が、市場の細分化です。「勝ち易きに勝つ」客層を見つける際も、細分化して発見します。

ランチェスター戦略によるBtoCエンドユーザー向けにおいても、客層を細分化して、客層の中心を見つけていくことになります（図表24参照）。

客層の細分化目標設定

客層の細分化目標は、次のような項目で設定します。

・性別：男性・女性　その他
・年齢：赤ちゃん、未就学児、学生。10代、20代、30代〜70代、80代
・家族構成：独身、家族同居、両親同居、３世代同居、夫婦、子育て世代
・学生：幼稚園、小学生、中学生、高校生、大学生、予備校生、受験、留学、就職
・世代：シルバー世代、団塊の世代、バブル世代、ロスジェネ世代、ゆとり世代
・節目：誕生、入学、進学、卒業、受験、就職、転職、結婚、妊娠、子育て、住宅購入
・職業：経営者、役員、経営幹部、サラリーマン、ＯＬ、キャリア、一般企業、中小企業、公務員、製造業建設業、サービス業、農業、医者、士業、
・収入：年収、世帯収入、地主、資産家
・学歴：出身学校、出身学部、クラブ、部活、サークル
・価値観：ライフスタイル、嗜好、〇〇系、趣味アウトドア、スポーツ、ランニング、水泳、自転車、テニス、国内旅行、海外旅行、好きな食べ物、暮らし方、文学、小説、自然、動物、ファッション、ブランド

【図表 24　顧客プロファイリングシート　ＢtoＣ用】

第5章⑤　顧客プロファイリングシート　Bt o C用

あなたの商品を販売するお客さんは誰ですか、下記の質問に記入を願います。
※わからない所は空欄でも構いません。ですが、できる限り考えて記入してください。

①　自分が担当する商品または会社で一位と思う中心商品を記入してください。※属性を明らかにするためです。

②　この商品を販売する中心顧客の個人属性を記入してください。※配当しない所は空欄でも構いません。

性別		価値観	
年齢	歳	趣味	
家族構成		ライフスタイル	
学生		余暇の過ごし方	
世代		住んでいる地域	
節目		住んでいる環境	
職業		好きな食べ物	
会社での地位、役職		その他	
収入			

③　①の商品、②の属性をなぜ、商品や客層としてあげたのか、理由を書いてください。

a.商品の理由

b.客層の理由

・地域　：住んでいる街、都心部、地方、郊外、郡部、戸建、マンション、賃貸など

自社の顧客の中心をペルソナの手法で明確にしてみましょう。

ペルソナマーケティングとは、ターゲット客層を1人に絞り込んで属性を明確にするやり方です。自社の中心客層を明確にするための手法として取り組んでください。

どんな顧客の中心像になったでしょうか。

この客層をターゲットの中心とする戦略的な理由は何でしょうか。

ＢtoＢ対法人型ビジネス顧客のプロファイリング（図表25参照）

ＢtoＢ対法人型ビジネスにおいても、顧客のプロファイリングが必要です。

対法人型においても担当者は人ですので、役職、立場、考え方、経歴、年齢、性別など担当者の属性が、業者の選択基準の大きな影響を及ぼします。

例えば、会社の終戦工事などの業者決定において、経理畑の出身が決定権を持っている場合は「価格」が業者選定における大きな要因であることが多いのですが、技術系の出身の方が担当者の場合は「価格よりも「内容」を重視します。必ずしも価格とは限りません。

ビジネスは、人間関係で構築されるものです。よく言われるのが、出身県が同じ、出身学校が同じといったケースです。それだけでお互いに親近感を感じ合うことは、よく起こることと思います。

ＢtoＢビジネスだからこそ、顧客プロファイリングをしっかりと行うべきだと思います。

【図表 25　顧客プロファイリングシート　BtoB用】

第5章⑥　顧客プロファイリングシート　BtoB用

あなたの商品を販売するお客さんは誰ですか、下記の質問に記入を願います。
※わからない所は空欄でも構いません。ですが、できる限り考えて記入してください。

① 自分が担当する商品または会社で一位と思う中心商品を記入してください。

② 自分が担当する、もしくは得意と思う、または、担当の多い業種や会社を1社選択して記入してください。

業種名		会社の規模	
会社の年商	円	資本金	円
社歴（創業○年）		会社の従業員数	
会社のブランド		業界内シェア	シェア　%
主力商品		補助商品	
社長の性格		会社のイメージ	
社長の年齢	歳	社長の性別	
担当者の役職		担当者の性別	
担当者の性格		担当者の年齢	歳

③ ①の商品、②の会社をなぜ商品や客層としてあげたのか、理由を書いてください。

a.商品の理由

b.客層の理由

第6章　競争優位性をつくる地域戦略

1　他社より有利な状況をつくる「一位の地域づくり」

地域戦略の重要性

ランチェスター戦略で一位づくりを実現する事業ドメインの3本柱は、商品、客層の次は地域戦略です。商品や客層も重要ですが、業種や地域性よっては地域戦略がメインとなります。難しい商品戦略を取らなくても、地域戦略のみで展開することもあります。

建築・リフォーム業のような地域密着型で、地域での実績が会社の信用に直結する業種は、地域でのOB客の数など、シェアが増えれば増えるほど有利になります。

日頃から自社にとって優位な状況をつくっておくのが戦略であり、地域戦略はその条件がピタリとはまる戦略要因です。

特に、建築・リフォーム業のような業種は、主婦が決定権を持つ割合が高く、業者とはいえ、昼間に敷地内や家の中にまで人を入れてリフォームなど高額になる工事を任せるのですから、全然知らない人では不安になります。

ランチェスター戦略で地域でのシェアを重視して展開をしている会社であれば、限られた地域での実績が他社とは群を抜いていて知名度が抜群になるまで、あちこち地域を広げず一定の範囲内で地域シェアを高めることに集中します。

依頼するお客様側にしてみれば、近くに会社がある、近所でよく工事を見かける、知り合いの○○さんが頼んだ、社名の入った車をよく見かける、看板がよく立っているなど、複合的にその会社に触れる機会がたくさんあり、実績が刷り込まれていきますので、全く知らない業者よりよく知っている業者に依頼するという行動に至ります。

地域シェア10％

この別れ目が、地域シェア10％と判断しています。

地域で10％のシェアを持つ建築・リフォーム業の会社があったとします。その地域に他地域の会社（その地域では全く無名の会社）が、リフォームチラシを折り込んだとします。すると、地域の人はチラシを見て需要を喚起されます。

しかし、チラシを見て需要を喚起された地域の人は、チラシを入れた他地域の当の会社に依頼はしません。

では誰に依頼するかというと、いつも見かける、近くでよく工事をやっている地元の工務店に声を掛けます。チラシを入れた他地域の会社は、まさにシェア10％の地元工務店のためにチラシを入れたようなものです。これをランチェスターでは「顧客掘り起こし係」と呼びます。地元工務店は、他力で需要を掘り起こしでもらったわけです。

２乗作用の活用というのは、他の力を上手に使う他人資本活用です。

他社が掘り起こしたニーズを取り込むほうになるか、顧客掘り起こし係になるかは、地域シェア10％かどうかで決まります。

シェアを目標にすると、進めば進むほど、特定地域での実績が増えるので有利になります。シェアは実績であり、知名度であり、信用です。

シェア理論の活用で売上が上がるばかりでなく、広告宣伝や営業の契約率において効果性は高くなります。。

2　強者と弱者の地域戦略

地域戦略にも強者の地域戦略と弱者の地域戦略があります。

強者の地域戦略

強者の戦略（総合一位主義―広域戦、包囲戦）を地域戦略に応用すると強者の地域戦略となります。

総合一位を実現するための強者の地域戦略の原則は、量を重視し、盲点をつくらない広域戦、弱者を囲んで戦う包囲戦です。

大量消費財である強者の商品を一般消費者という強者の客層に販売をする場合、必然的に地域も広くなり、日本全国など広域が対象になります。

強者の戦略は、強い商品を持っていることが大前提であり、それを軸に広く地域を押さえ、日本、東日本、西日本、東北全域、関東全域、中部全域、九州全域などの単位でシェア一位を狙う戦略です。広域で効率的に販売し、シェアを押さえていくために、平地で人口の多い地方経済の中心都市、政令指定都市、県庁所在地など大都市に支店や営業所を置いて、一位の中心都市を押さえます。

点から線、線から面へ

高速道路や新幹線など移動しやすいルートを選択して地域ごとに拠点をつくり、点から線、面へとシェアを広げて、営業地域を広くしていきます。

人口が多い大都市だけではなく、人口の少ない地域へも営業に行き、シェアを押さえます。盲点をつくらないように、広範囲でシェアを押さえて、総合一位主義を実現します。

弱者の地域戦略

弱者の地域戦略は、狭域戦、近距離戦、一騎打ち戦的市場の重視、一点集中、地域の細分化、分断市場の重視です。

「強い敵とは戦わない」「勝ち易きに勝つ」というのが弱者の戦略の要点です。他にも、接近戦、近距離戦、個別撃破、狭域戦など、弱者の戦略原則を地域戦略に応用します。

持てる経営資源で一位づくりを目指すのですが、経営資源である「人、モノ、金」の少ない中小企業は、投入できる量が限られますので、地域の範囲も狭域戦になります。

地域の個別撃破主義と一騎打ち戦的市場

① 郡部型一騎打ち戦的市場の重視

海や山や川など自然によって分断され、地域の独立性の高い市場を重視します。盆地、山間、島、半島、港町、川べり、山すそ、三角州、谷筋など。他に、鉄道や幹線道路がない地域、鈍行しか止まらない駅、ローカル線地域を狙います。

② 都市部型一騎打ち戦的市場の重視

都市部にも盲点となっている一騎打ち戦的市場があります。都市部では、道路、鉄道、工場、空港、公園、川、学校などで地域が分断されています。

3 地域における重力の法則

地域の重力

地域には重力というものがかかっています。自社の販売地域の重力はどこにかかっているかを知ることは、地域戦略上とても重要です。

重力の中心は、人が引っ張られて集まる傾向があります。重力は基本、人口に比例します。日本の首都、東京は、全国の中心です。国会、首相官邸、各省庁など国の重要機関、大企業の本社をはじめ多く会社があります。人口も多く、首都圏と呼ばれる東京都市圏の人口は、３、５００万人と日本の人口の４分の１強が集中しています。大規模イベントや展示会、学会や講演も多くあり、全国から人が集まってきます。全国の重力の中心が東京になります。

各地方を見ると、それぞれの地方の中心都市がその地方の重力の中心になります。

北海道の重力の中心は、札幌です。

東北では、交通網の発達により仙台が仙台経済圏を形成して中心になっています。

東海地方では名古屋、北陸では金沢、関西では大阪、中国地方では岡山や広島、四国では松山、九州では福岡が、それぞれその地方の重力の中心になっています。

大企業の北陸本店が金沢に、四国本店が松山に、九州本社が福岡にあることが多いです。

さらに各県の県庁所在地や県の中における、地方の中心都市というものがあります。その地方地域の中心都市に行政機関が置かれることが多く、周辺地域の重力が集まります。

重力の限界

この地方経済圏の重力には限界があります。例えば、広島市は、西側の山口県に重力を及ぼしていますが、山口県の西部まで行くと福岡市の重力のほうが強くなります。

静岡県は、横に長く、県庁所在地の静岡市が県の中心都市ですが、県西側は浜松市という政令指定都市が中心都市になっていて、静岡と浜松では全く商圏が違い、それぞれがその地域の重力の中心です。安倍川、大井川、天竜川などの大川で地域が分断され、重力の限界となっています。

基本、人は、人口の多い都市や繁華街、駅ターミナルなど人の集まる方向を見ており、反対方向は見ていません。この重力に逆らうことはできません。

自社の地域の重力はどうなっているかを知ることが地域戦略、販売戦略上、重要になってきます。例えば、都市の外れなど、重力の端にあるリフォーム会社が一生懸命中心に向かってチラシを蒔いても、重力の内側にある住民はより中心を見ていますから、反対側など意識せず、振り向いてはくれません。この場合は、重力を活用して、自社に重力が向かっている外側にチラシを投入するのがセオリーとなります。

4　地域戦略上の要点

分断された地域ごとに商圏が生まれる

重力は、都市の中心から放射状に延びています。重力のかかる方向は外から中です。都市の中心部から放射状になって伸びているその重力ラインは、一方向に向かっています。ラインは、幹線道路や鉄道路線、地下鉄などです。

その放射線ライン上で市場が形成されますが、都市境界線や縦や横の道路や川、鉄道などによって、市場は縦にも横にも分断されています。この分断された商圏ごとに市場は形成されます。どこで地域が分断されるかを見極めることは、地域戦略上、地域の範囲を決める際にとても重要です。

この分断された市場の中で重力が発生しています。重力には大きな重力と分断された市場の中での小さい重力とがあるということです。

1眼レフ市場と2眼レフ市場

ランチェスター地域戦略では、市場を1眼レフ市場と2眼レフ市場と呼ぶ地域の見方があります。

1眼レフ市場は、1商圏において1つの都市で市場を形成している場合です。盛岡市　郡山市　甲府市　長野市　名古屋市　松山市　熊本市　鹿児島市などが1眼レフ市場です。この都市の中で1つの市場を形成します。

2眼レフ市場は、同じ規模の2つの都市が近い位置にあって1つの市場を形成している場合です。青森市と弘前市　前橋市と高崎市　水戸市と日立市　岡山市と倉敷市が2眼レフ市場です。

2眼レフ市場では、2つの都市それぞれに拠点を置いて、この中でシェアを上げていき一位になる戦略を取るのが常道です。

2眼レフ市場の場合は、この2つの都市を繋いだ範囲を最大範囲と定め、その範囲からは原則として出ないようにして販売力を投入しますので、この2つの都市だけを行き来するなど、効果的かつ効率的な地域営業が可能になります。

自社の地域戦略を構築するときには、自社の地域が1眼レフ市場か2眼レフ市場かを確認しておく必要があります。

3点攻略法

地域における最大需要のある地域を、三方から囲んでシェア一位を目指す方位戦のやり方があります。手順は、次のとおりです。

① 始めからシェア一位を実現する地域戦略上重要な地域を面とし、第1点を打ち、点を中心とする地域でシェア一位を実現します。

第1点目でシェア一位になってから、次の第2点目の地域を決め、繋がるように進出します。

第2点目の地域でシェア一位になってから、三方で囲こむように第3点の地域に進出して、この地域でシェア一位を実現します。

② 第1、第2、第3の点の3つを結んだ三角形の中心に向かって自社の販売力を集中し、最終的に面でシェア一位を実現します。

コンビニ業界でいえば、後発のコンビニがより大きく品揃えも豊富で駐車場も広いコンビニ3店で既存コンビニを囲んで、真ん中の既存コンビニを閉店に追い込み、そこに最終的に第4の点として自社コンビニを開店させて、その地域のコンビニ需要を面として押さえるやり方です。

地域区分

地域区分としては、次のようなものがあります。

①　行政区分

地域は、県、市町村、区など、行政で区分された区分があります。基本は、この行政区分で見ていくことになります。県、市、区、町、村、丁目、字などの単位となります。

②　中学校区、小学校区

中学校区、小学校区という区分があります。ＰＴＡ、子供会、学習塾、スポーツクラブなど主婦のコミュニティーは、この学校区を基本とします。その学校区で産まれ育った子供は、大人になってもコミュニティーを形成することがあります。シルバーコミュニティーもこの学区単位で形成されることが多いです。

行政区分だけを見ていてはいけない

地域区分は、行政区分が基本になりますが、街は幹線道路や鉄道、工場、川などで分断されています。川には橋がありますが、橋の間隔が長い場合、そこに行き来はなく、川の両岸が同じ区であったとしても別の生活圏です。

最近は少なくなりましたが、「開かずの踏切」なども同じで、線路の向こうとこちらでは別世界です。

実際に自分の地域を地図上で調べてみたり、歩いて現状を把握することが必要です。

市町村合併と歴史について

平成の大合併などで市町村が合併されましたが、江戸時代から延々と残る地域区分は簡単には解消されません。

静岡市は、静岡市と清水市が合併して静岡市に統一されましたが、旧清水市民の人にとっては今も自分は清水市民という気持ちが残っています。

郡もそうです。郡を形成する町が合併して市になった場所はたくさんありますが、実際に住んでいる人は旧郡部の町名のままの生活圏で生活しており、ＰＴＡ、町の組合や青年部、消防団、野球などのサークル活動、主婦同士のコミュニケーション、町のイベント、祭りなどは、旧町のままです。同じ市といっても隣町であって、ヨソ者であることには変わりはないわけです。

こういう室町時代や戦国時代、江戸時代から脈々と続く字（あざ）、村、町、旧国という単位で見ていくと、現在の地図上ではわからない、人と人との繋がり方、地域の繋がり方が見えてきます。

5　地域の特徴、性格を掴もう

ランチェスター地域戦略では、地域ごとに異なる特性や性格を事前にしっかりと把握して、地域事情を活用しての戦略を立てます。

地域には、歴史というものがあります。その歴史を辿ることで、地域の特性を知ることができます。室町時代、安土桃山時代、江戸時代などにできた城下町、宿場町、門前町、古くは律令制度ができた7世紀後期の飛鳥時代まで、国割りの生い立ちを遡ります。

うちもの地域市場

うちもの市場と呼んでいるのが、江戸期を通じて城下町やであった町です。

うちもの市場は、排他的で、他の土地の者には冷たいく、赤の他人のような態度を取り、なかなか心を許しません。信用されるまで時間がかかります。新しいものにも懐疑的で、手を出すまで時間がかかります。

この「うちもの市場」では、容易に容易に新参者を信用しませんが、容易に新参者を信用しませんが、一端心を許して仲間になってしまうととても面倒見がよく、義理堅く、浮気はしません。商売に置き換えると、価格だけで簡単に動くような風土ではないといえます。

そともの地域市場

室町時代、江戸時代など、古くからの港町のように外向きに開放された町は、常に新しい気風を受け止める特徴があって開放的、新しい人に対しても受け入れる度合いが高いです。

函館、横浜、神戸、北九州、長崎が代表的な港町です。

宿場町も人の往来があって、常に外から新鮮な風が入って来る気風です。現代では、交通の要衝になっている都市、地域です。外からどんどんと新しい人が流入する場所です。

東京、船橋、高崎、大宮、大垣、岡山、下関、鳥栖などの都市が交通の要衝です。

企業城下町市場

企業城下町は、代表的な企業を中心として、そのグループ企業や下請け企業群で形成される都市や周辺の地域を指します。

都市の顔となる大企業を中心に、会社、工場、流通施設などがあり、その企業群で働く従業員のための住宅地、ニュータウン、社宅など、不動産、住居施設や交通網、学校、ショッピングセンター、飲食店など町が形成され、二次的、三次的な産業が生まれます。

企業城下町は、町を形成する企業と町の盛衰が同一になる運命共同体です。企業が発展すれば、町の人口や消費が増えるなど、町が潤い、お金が落ちていきます。企業が不況の波を被ると、雇用や給与など消費に強い影響があります。

例えば、２００８年9月にアメリカで端を発したリーマンショックの際には、日本の輸出産業に大きな打撃があり、自動車を基幹とする企業城下町は大きな影響を受けました。企業が衰退すると、町も一緒に衰退します。かっての炭鉱の町、夕張や筑豊炭田のあった九州の飯塚、田川などは人口が減少しました。

代表的な企業城下町は、室蘭（新日鉄）、日立、ひたちなか（日立）太田（富士重工業）野田（キッコーマン）、府中（東芝）、磐田（ヤマハ）、豊田（トヨタ）門真（パナソニック）、池田（ダイハツ）、府中（マツダ）鳴門（大塚製薬）、久留米（ブリヂストン）、延岡（旭化成）などのほかにも多数あります。

大規模工業団地がある都市、町も企業城下町ほどの一律性はないですが、ニュータウン、社宅などが形成されますので、近い状況になります。

他には自衛隊の基地、駐屯地があると、基地需要が発生する地域もあります。

6　地域現状分析のやり方1・顧客マッピング

顧客分布を把握

自社の顧客が地域のどこにいるのか、地図上に顧客マッピングを行います。この顧客マッピングを行うことで、集中して顧客がいる場所といない場所など顧客分布が把握できます。

重力の逆方向であったり、幹線道路や川などで分断されていて商圏が異なっていた地域があることに気がつかず、その地域に折込みチラシを入れたり、看板を立てたりしていたのが、マッピングを行うことで全く過去客がいない地域であることが明白となった会社がありました。

その会社は、顧客のいない地域約3万世帯から撤退。その地域への折込みチラシを中止して、その費用を自社の足元の地域に投入しました。

その分、接触量が増えてチラシ反響率が向上し、売上もアップしました。看板は撤去して経費が少なくなりました。

顧客マッピングの進め方

顧客マッピング、経営者、経営幹部はもとより、社員を巻き込んで行うことで、顧客分布が何故そうなっているかをかかわる全員で把握、考える時間となります。

行う時間が戦略思考の基礎力をつくる時間ともいえますので、全員で行うことを推奨します。

顧客マッピングは、次のように進めます（図表26〜28参照）。

①　自社を中心とした地図を用意します

業界、業種によって地図の大きさは異なります。

メーカー、商社、卸、流通など県単位、地方単位が対象の業種は、比較的大きな地図で全体を把握していくことになります。

建築リフォーム業、電器屋、スーパー、小売など地域密着型の業種は、市単位の地図と学区単位の地図と何種類かの地図の用意が必要です。

全体を俯瞰する必要があるので「大きな範囲の地図」、「自社の営業範囲全域をカバーする市単位の地図」と併せて、道が1本違うだけで商圏が異なる場合がありますので、地域の細かい事情、分断地域などをよりきめ細かく把握するための「学区単位の地図」の最低3種類です。

ネット上の地図にマッピングするのも有効です。地図の他に写真でも見ることができますので、町の状態、山や丘や川などの地形も掴みやすいです。

② 顧客リストを用意します

顧客リストが整備されていることが条件です。このリストを見ながら、顧客マッピングを行います。

競合会社リストも用意します。競合の本社、営業所などを競合マッピングします。

③ 小さい丸いシールを用意します

黄色、青色、緑色、赤色、白色などのシールです。文具店、100円ショップなどで売っています。そのシールを地図上に貼っていきます。

④ マッピングの種類

過去1年、過去3年など区切りをつけて行います。1年前は黄色、1年以上3年は青色など、こ

【図表 26　顧客マッピングシート】

第6章シート①　顧客マッピングシート

1.現状で考える商圏
現在　会社で考えている商圏(地域の範囲)はどこでしょうか。地域を記入願います。
○○市　○○町、○○丁目　○○学区など、具体的地名の記入を願います。

2.顧客マッピングからの分析
顧客マッピングや顧客リストから浮かび上がる商圏の範囲、地域は、具体的にどこですか。
○○市　○○町、○○丁目　○○学区など、具体的地名の記入を願います。

3.顧客像
マッピングの商圏から来店するお客さんはどんな傾向や特徴があると考えますか。
(例)　サラリーマンが多い、若いカップルが多い、主婦が多いなど、特徴や傾向を記入願います。

【図表 27　顧客マッピングシート事例 1】

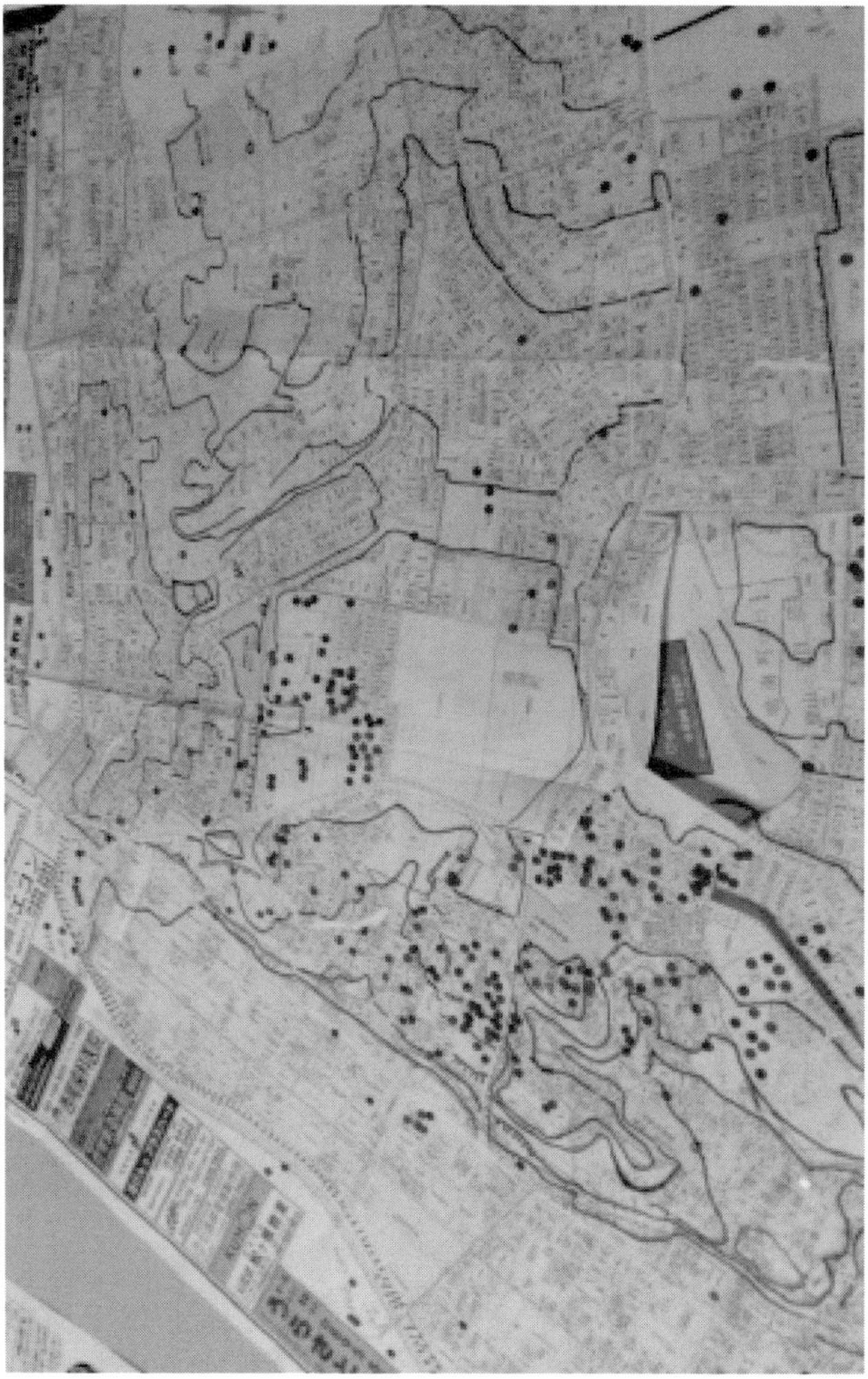

第6章①　顧客マッピングシート

【図表 28　顧客マッピングシート事例２】

第6章① 顧客マッピングシート2

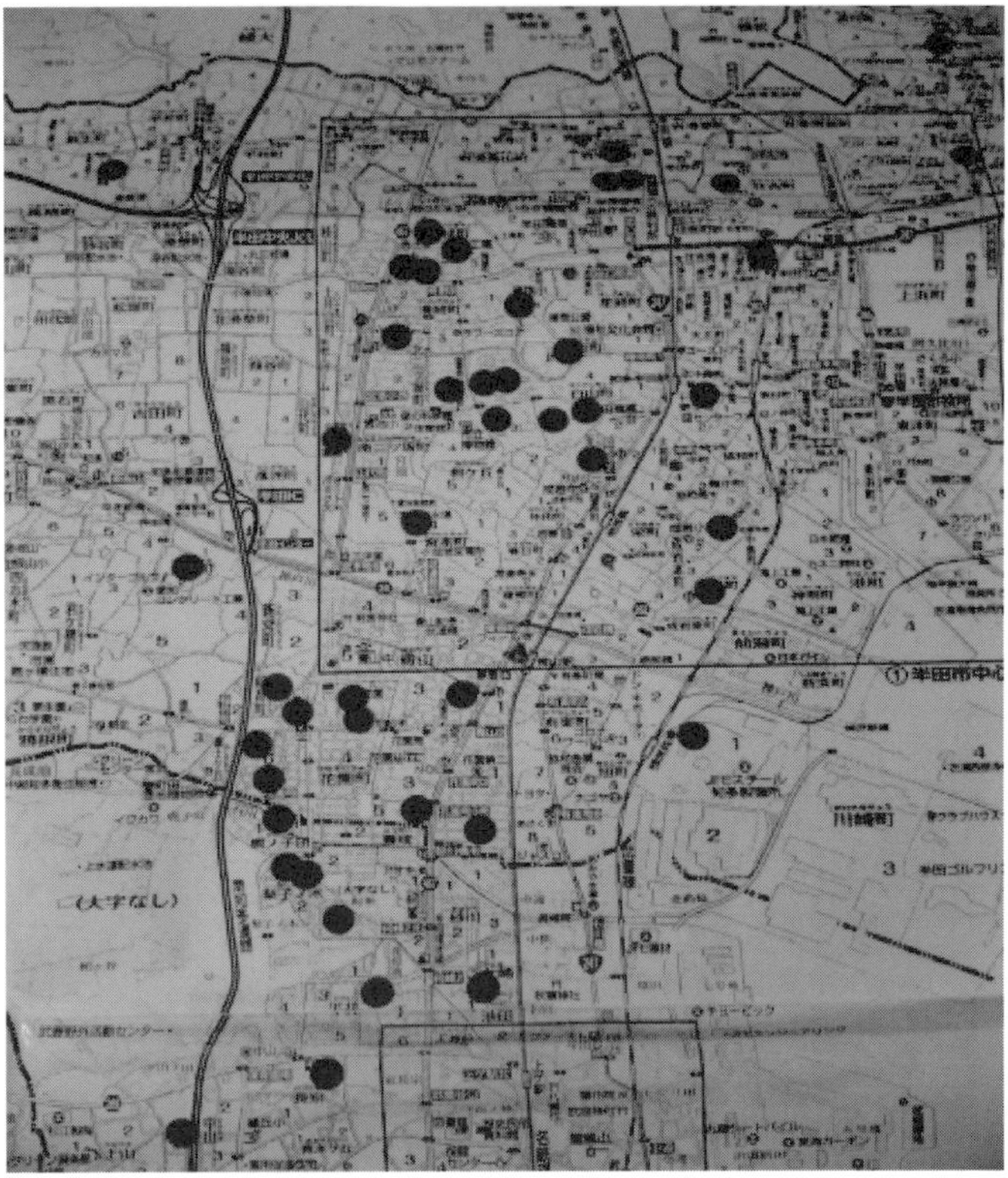

とで年度変化も把握できます。
月１００万円以上の顧客は黄色、５００万円以上は青色などです。
競合会社も競合の色を決めてマッピングしていきます
地味な作業で、社員の時間も取られるかもしれませんが、１度行うことで社員の地域事情への知識力向上上、現状の把握、競合の把握など得るものがあります。

7　地域現状分析のやり方2・地域ＰＰＭ調査シート

地図上の顧客マッピングを行った後は、地域ＰＰＭを行います（図表29参照）。

縦軸は、顧客名です。売上の大きさを円の大小で表現します。

横軸は、地域に近いかどうかを表現します。

この地域ＰＰＭ調査シートを行うことで、自社からの顧客の距離感を掴むことができますので、取り組んでください。この表の距離感ですが、自社から近い目安は車で15分から30分圏内、それ以上の距離は遠いと判断します。

「強い地域をより強く」の原則どおり、近くて顧客が多く売上も高い地域に力を入れて、地域シェア一位を実現します。近くて売上が低い地域は、力を入れてシェアを上げることを目指します。売上が高くても自社から遠い地域は、力を入れる地域でないのが戦略原則です。

【図表 29　地域ＰＰＭ調査シート】

第6章シート② 地域PPMシート

地域PPM(プロダクト・ポートフォリオ・マネジメントマネジメント)分析シート

縦軸は売上です。 顧客名と売上の大きさを円の大小で表現します。

横軸で、地域に近いかどうかを表現します。

この顧客PPM調査シートを行うことで、自社からの顧客の距離感を掴むことができますので、取り組んでください。

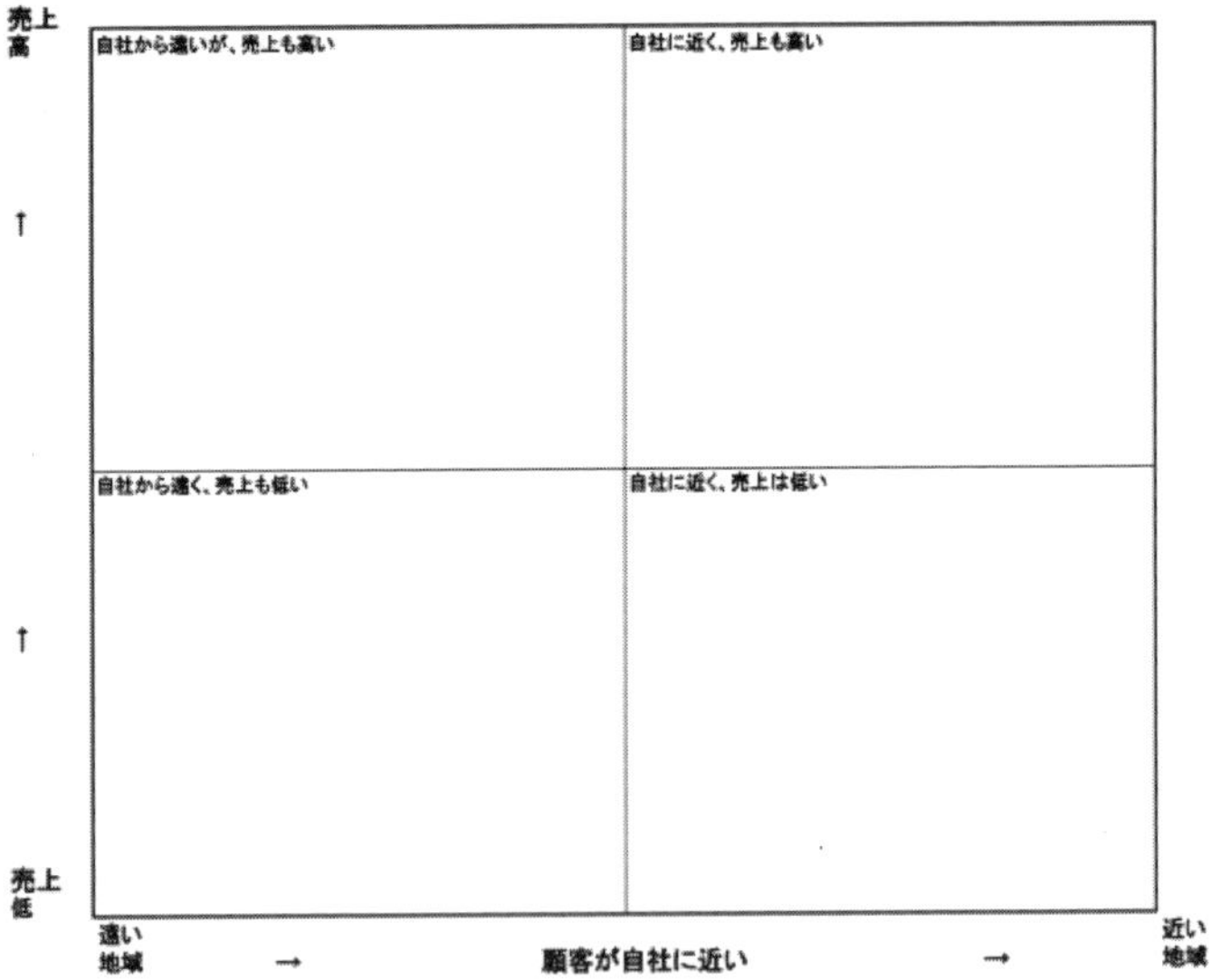

8　地域現状分析のやり方３・地域統計調査

次は、図表30の地域統計調査シートを用いて自社の商圏を調査します。

漠然と、地域の需要はこれぐらいだろうと予測はしていると思いますが、実際に地域を調べていくことで、意外に足元の地域だけでも需要があることが理解できます。

調査する事項は、次の事項です。

(1)　自社の商圏がどの地域なのかを全体像を把握します

(2)　地域の市区町村を明確にして、次のデータを取得します
市区町村名、人口、世帯数、男女別人口、年齢別人口、持ち家比率、持ち家数　小中学区名。

居住地の役所の統計課にデータがあります。

(3)　地域の特徴
県庁所在地、産業、企業、工場、ターミナル駅や港、幹線道路、文教地区で学校が多いなど。

(4)　地域の地形、災害事情
山、川、の地形事情や過去の災害の歴史など。

(5)　地域の交通事情
幹線道路、高速道路、鉄道、港など。

(6) 地域市場の性格、住民気質
・うちもの市場…閉鎖的、排他的　繋がり、人脈重視など。
・そともの市場…購買特性が新しいもの好き、紹介文化があるなど。
(7) 自社の地域における販売方法
営業、店舗、ＨＰ、ネット広告、看板、折込みチラシ、タウン誌など。
(8) 地域の総需要調査
自社の業種に当てはめて、1年間などの期間を決め、どれぐらいの需要があるかを調査します。
(9) 地域の歴史
現代においても、過去の歴史は生きています。例えば、今は1つの県でも、江戸時代の国割が違うと、そこで行政の境界線になっており、コミュニティーは分断しています。地域の歴史について。この商圏の過去の歴史を記入します。
※江戸時代は城下町だった。平成の合併前は○○郡○○町であった。街道沿いである。
①江戸時代の国　②江戸時代の村　③明治の呼び名と字村町範囲　④昭和合併前の呼び名と字村町範囲　⑤街の中心となる所の地名。
(10) 競合会社調査
競合会社には、正面からライバルなる同業のような直接的な競合もあれば、一見、ライバルと見えない他業種のような間接型競合会社がありますので注意が必要です。

【図表 30　地域統計調査シート】

第6章シート③　地域統計調査シート

年　　月　　日調べ　調査者名

①　自社で考える地域の中心と最大範囲を記入してください。

②　自社の商圏と考える地域の以下の事項を調べて記入してください。

市町村名		人口	
男女別人口		年齢別人口	
持家比率　持ち家数		中学校区名	
小学校区名			

③　地域の特徴
・県庁所在地、産業、企業、工場、ターミナル駅や港、幹線道路、文教地区で学校が多いなど

④　地域の地形、災害事情　※　山、川、の地形事情や過去の災害の歴史

⑤　地域の交通事情　※　幹線道路、高速道路、鉄道、港など

⑥　地域市場の性格、住民気質　・うちもの市場　閉鎖的、排他的　繋がり、人脈重視
・そともの市場、購買特性が新しいもの好き、紹介文化がある

⑦　自社の地域における販売方法　・営業、店舗、HP、ネット広告、看板、折込みチラシ、タウン誌など

⑧　地域の総需要調査
地域で自社の業種に当てはめて、1年間など期間を決め、どれぐらいの需要があるかを調査します。

⑨　地域の歴史　・地域の歴史について。この商圏の過去の歴史を記入願います。
※　江戸時代は城下町だった。平成の合併前は〇〇郡〇〇町であった。街道沿いである
①江戸時代の国　②江戸時代の村　③明治の呼び名と字村町範囲　④昭和合併前の呼び名と字村町範囲　⑤街の中心となる所の地名

9　地域現状分析のやり方4・地域競合調査

続いて、図表31を用いて地域の競合を調査します。それにより、ライバル会社を可視化できます。経営者視点、経営幹部視点、実際に前線で戦っている営業視点など、立場によって見る視点も得る情報も違います。1人1枚、できる限り全社で取り組んで、1枚にまとめましょう。

競合の会社名、店舗名、ブランド名、社員数、主力商品、範囲商品、社員数、販売方法、特徴、HPの有無などは、地域の競合を調査して情報をできるだけ記入してください。

10　地域の中心と最大範囲の決定

顧客マッピングを行うことで地図上での顧客分布を把握できました。地域の統計調査で地域の統計データを把握することもできました。

次は、図表32を用いて地域戦略における自社の中心と範囲を決定します。

この中心と範囲を決めるのが、戦略決定になります。

中心地域というのが、地域シェア一位を実現する地域になります。

地域決定の基本は、自社の持てる戦力で一位を実現する地域になります。会社の状態は様々です

【図表 31　地域競合調査シート】

第6章シート④　地域競合調査シート

年　　月　　日調べ　調査者名

■　中心地域内のライバル・競合調査を行います。
※　調査が必要な所があります。調べた範囲でできる限り記入してください。

中心地域内での競合他社の場所、規模、商品内容、広告宣伝方法、販売方法を調査して競合を可視化します。

競合他社名	本社、店舗等の場所	年商	従業員数	競合会社の特徴

競合の中心商品	競合の商品の範囲	競合の広告宣伝方法、頻度	競合の営業方法、人数

から、自社の持てる経営資源、戦力をよく把握した上で決定をしていかなければなりません。

ランチェスターの地域戦略においては、自社の中心と最大範囲を決定し、原則として、その範囲からは出ないように移動範囲を定めます。

この範囲を決めておかないと、営業範囲がどんどんと広がります。しかも、四方八方に広がりますので、シェアは一向に上がりません。

戦力も分散します。「売上を上げる」という大義があるので、移動に制限を設けないと、営業は売上を上げるために呼ばれればどこまでも行ってしまいます。

移動をすると、売上を全く上げていなくも、仕事をしたような気になります。しかし、無駄な移動時間は、営業担当者の人件費、交通費、燃料費、高速道路代など経費がかさむばかりで、利益には貢献しません。

もちろん、効果性の問題もありますので、売上が数千万円上がるチャンスがあれば、範囲を超えて営業することもあります。

大事なのは、戦力が分散や拡散しないように、範囲と方向を決めることです。その方針を営業担当者を始め、全社で共有する意識と行動がこの作業なのです。

ランチェスター地域戦略では、限られた自社の経営力を集中投入し、競合以上の販売力で勝てる地域を戦略的につくることが要点です。

戦略的に中心と最大範囲をつくり、その中で一位の地域を実現しましょう。

【図表 32　地域戦略決定シート】

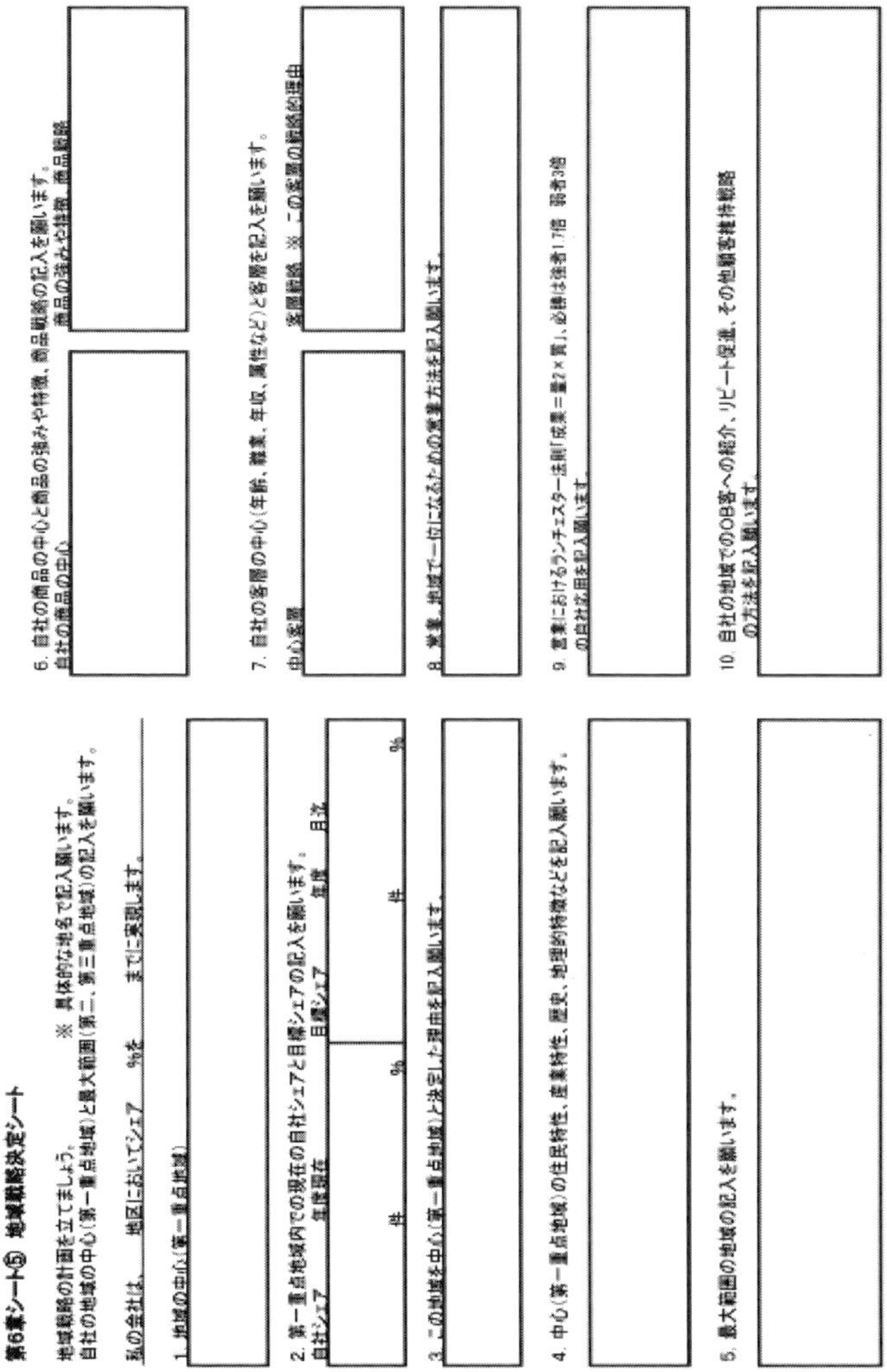
第6章シート⑤　地域戦略決定シート

地域戦略の計画を立てましょう。　※ 具体的な地名で記入願います。
自社の地域の中心(第一重点地域)と最大範囲(第二、第三重点地域)の記入を願います。

私の会社は、　地区においてシェア　%を　までに実現します。

1. 地域の中心(第一重点地域)

2. 第一重点地域内での現在の自社シェアと目標シェアの記入を願います。
自社シェア　年度現在　件　%
目標シェア　年度　月迄　件　%

3. この地域を中心(第一重点地域)と決定した理由を記入願います。

4. 中心(第一重点地域)の住民特性、産業特性、歴史、地理的特徴などを記入願います。

5. 最大範囲の地域の記入を願います。

6. 自社の商品の中心と商品の強みや特徴、商品戦略の記入を願います。
自社の商品の中心
商品の強みや特徴、商品戦略

7. 自社の客層の中心(年齢、職業、年収、属性など)と客層を記入を願います。
中心客層
客層戦略　※ この客層の戦略的理由

8. 営業、地域で一位になるための営業方法を記入願います。

9. 営業におけるランチェスター法則「成果＝量2×質」、必勝は強者1.7倍　弱者3倍
の自社応用を記入願います。

10. 自社の地域でのOB客への紹介、リピート促進、その他顧客維持戦略
の方法を記入願います。

地域の中心と範囲の決め方

実際に地図を用意して中心地域を決定していきましょう。弱者の地域戦略をベースとしています。中心地域は自社の経営力で一位を実現する地域です。

弱者の地域戦略をベースに中心地域と最大範囲を決定していきます。

地域の中心を「第一重点地域」と呼び、次の手順で進めます。

① 自社や営業所のある地域を中心に最大範囲を決定します。
② 次に、最大範囲の中を7つから9つにブロック分けを行い、自社の中心となるブロックを決定します。この自社の中心地域は、シェア一位を自社の戦力でも実現できる地域です。
③ 山、川、鉄道、道路などで分断された地形を活用します。
④ 自社の今までの実績、顧客、知名度、信用が活かせることが必要です。
⑤ 強い競合がいない地域設定であることが望ましいです。
⑥ 中心地域の拠点は、他の地域拠点が繋がっていくことが必要です。
⑦ 必勝の数値である、競合よりも接近戦なら3倍、チラシなど空中戦なら1・7倍の営業力を自社の戦力で投下できる地域を決めます。

地域の最大の決め方

自社の地域の最大範囲で、原則この範囲外には出ないようにします。最大範囲という範囲を設けることで、現在における自社の商圏が確立します。

地域戦略のまとめは、次のようになります。

・中心と最大範囲：自社の経営力でシェア一位を実現する地域
・中心地域：最初にシェア一位を取る自社を中心とする地域、第1重点地域
・最大範囲：原則としてこれ以上は営業力を投下しない現時点における地域限界、第2重点地域、第3重点地域

11　地域戦略の経営上のメリット、労務管理上のメリット

経営上のメリット

狭い地域に密集して顧客がいる状態ですので、営業担当者1回の訪問サイクルで、たくさんのお客様を訪問することができます。１人当たりの営業担当者の生産性が上昇します

たとえ競合会社がいたとしても、効率的に地域のお客様を訪問できますので、接触頻度という量で競合を凌駕することが可能になります。

他の地域では無名でも、特定の地域では圧倒的に実績があり、その実績が知名度となっている地域ができると、広告宣伝の点でも有利になります。

通常の会計の常識では、売上の増加に伴って営業費用や広告宣伝費が上昇しますが、ランチェスター戦略ではシェアを上げることも目標としていますので、同時に知名度が上昇していきます。

その結果、ネット広告やチラシを大量に打たなくても、地域の誰もが知っている状況が出来上がり、その群を抜いた知名度が高いベースとなり、宣伝費などを軽減させます。

会社の営業の仕事は、移動が伴います。この移動時間自体は、1円の売上も生みません。移動に対しては、営業の時給、移動時の交通費、ガソリン代、高速代、と経費は発生しますが、移動時間が短ければ、この費用は軽減されます。

地域一位の知名度がもたらす広告宣伝費の軽減と一緒で、こういう積み重ねが利益を産みます。無駄な移動時間は、ボディブローのように会社の経費を圧迫します。図表33を用いた移動時間のチェックが必要とされる所以です。

労務管理上のメリット

労働基準法では、労働者の労働時間を週40時間と定めています。週休2日制とすると週に5日で、1日当たりが8時間です。

では、ここで1人の営業マンが、1日片道3時間の移動をしたとします。3時間の移動は、午前中に片道30分の移動を1回、午後に片道1時間の移動を1回、これで3時間です。

週に5日働くと、週当たり15時間の移動時間。1年間は52週ですので、1年間の移動時間は

【図表 33　合計移動時間シート】

第６章シート⑥　合計移動時間シート

部門名　　　　　　　名前

年　　　月度

日	曜日	訪問先	ルート	移動手段	移動時間
1	月				
2	火				
3	水				
4	木				
5	金				
6	土				
7	日				
8	月				
9	火				
10	水				
11	木				
12	金				
13	土				
14	日				
15	月				
16	火				
17	水				
18	木				
19	金				
20	土				
21	日				
22	月				
23	火				
24	水				
25	木				
26	金				
27	土				
28	日				
29	月				
30	火				

移動時間累計

第1週	第2週	第3週	第4週
h	h	h	h

月　合計移動時間	h

名前		1時間当り時給	円

月合計移動時間時給	円

780時間になります。

この780時間を1日の労働時間8時間で割ると97・5日になります。1年のうち約98日は、移動をしているだけで生産をしていないことになります。

1年は365日。週休2日制の場合、年間休日が104日、国民の休日が年間15日、年末年始が5日、夏季休暇が3日としても年間で127日が休日となります。

1人の営業マンの1日の移動時間が3時間で週休2日制の場合、年間、移動と休日で225日は非生産時間となり、稼働日数が年間140日となります。

この日数で、必勝の訪問接触量を投入できるでしょうか。

移動時間はつきものであり、ゼロにすることは難しいのですが、地域戦略を取ることで移動時間という非生産時間が少なくなり、相対的に販売先に投入する量が増えます。

移動時間以外にも社内、社外における無駄な非生産時間があります。時短、改善とよく言われますが、ランチェスター戦略の手法を活用するに当たっても、労務管理上のメリットを追求して、効果的に売上を上げると同時に無駄な経費を軽減してください。

12 中小企業が勝ち易きに勝つ「地元力」

地域密着型の業種の経営者の方が地域戦略に目覚めると、地域の活動に力を入れ出すことがあります。地元の商工会、ライオンズクラブ、ロータリークラブ、ＪＣ、法人会、などの経営団体の理事、要職を務めたりします。

あるランチェスター戦略を実践している地方の中核都市にある不動産会社では、社長が地元のＰＴＡの会長となったと同時に、会社の事務所を改造して地域の方が自由に使える部屋を設けました。ソファーを置いたり、コーヒーなどお茶も自由に飲めるようにしました。ＰＴＡの関係などの地元のお母さんの出入りも増えてきたので、女性を対象としたパッチワーク教室など、習い事教室を開催することにしました。益々女性の方の出入りが多くなり、新しいコミュニティーも育っていきました。

１年ほどしてからこの不動産会社ではリフォーム事業を始めたのですが、既にＰＴＡや教室活動を通じて主婦コミュニティーができていましたので、その主婦層を通じて営業ができ、折込みチラシなどで競合と戦うことなく受注や紹介を得ることができました。

こういう競合と「戦わずして勝つ」戦略のベースとなっているのが、ＰＴＡ会長という職を通じて地元に貢献している信用という土台です。

町の電気店は、大型量販店の価格攻勢や後継者不足によって存続できない店も増えています。とくに、価格での勝負になると量販店には勝てません。

30年前、ある地方都市の電気店のオーナーには、小学生３年生の男の子がいました。その男の子は、毎日元気に学校に通っていたのですが、電気店の目の前にある交差点で交通事故にあって亡くなってしまいました。その交差点は、地元の小学生が集団で登校するルートの中にありました。それからというもの、電気店のオーナーは、小学生の登校時は毎朝この交差点に旗を持って立ち、登校する小学生のための交通整理を始めました。

小学校の隣にある神社に自費で交通安全のためのお地蔵さんを建立して、最後の集団に付き添って小学校に行ったあとは、必ずこのお地蔵さんに交通安全を祈願しました。雨の日も風の日も、この緑のおじさんは30年以上続きました。

オーナーは、自分の息子のような交通事故が2度と起こらないようにと願う気持ちから行ってきた行動であって、決して戦略でやってきたことではありません。しかし、地域の人は、小学生を大切にしてくれる姿を30年以上にわたって見てきました。

自分の子供を大切にしてくれる人を親はどう思うか、地域の子供を大切にする人をどう思うかです。

この地域では、自分の子供を大切にしてくれたこの電気店から買おうという人が多くいます。30年も立ちますので、かつて小学生だった子がたくさん大人になっていて、自分自身を大切にしてくれたこのおじさんの店からテレビを買いたいという人も地域にはたくさんいます。

ランチェスター経営戦略では、「量のたゆまぬ投下で競合に勝ち抜こう」という戦略がありますが、この電気店のように地域の会社にしかできない地元への貢献の仕方があり、このような行動の積み重ねは、大手ではたどり着けない地域での信頼をつくり出すようです。

13　地域戦略から生まれる社員のやりがいと感謝

対法人営業においても、次のように地域戦略は有効です。

① 近いとスグに何度も顔を出せる
② お客様から見て心理的距離が近い
③ スピード対応が可能
④ 売込みでない、接近戦で顔を出すことが営業になるので、営業がストレス持つことなく「売り込まなくても売れます」状態になる

よく調べたら、会社の周りにたくさん法人があることに改めて気がついたという法人向けの用品の製造販売会社がありました。この会社は、大都市に隣接した都市にあります。近くに高速道路のインターや空港がある交通の要衝でもあり、会社、工場などがたくさんあることがわかりました。

今までは、地域の範囲や方向も決めずに営業をしてきたのですが、ランチェスターの地域戦略を導入し、5人の営業担当者を自社近く地域での営業に投入しました。

地域を限定して､どこの地域を回るのか、町単位で毎日の目標を決めて営業をしました。ターゲットは法人、会社、工場で、町単位ですべての対象客を回るローラー作戦です。

最初はなかなか結果には結びつかなかったのですが、何しろ、会社から近いところを回っている

ものですから、何度も顔を出せます。会社もスグには結果を求めず、何回も接触頻度を高めるプロセス営業を評価の対象としました。

その結果、各営業はストレスを感じることなく営業で回ることができました。暫くすると、各営業に成約が出てきました。

セールストークを駆使しての営業ではなく、訪問量を重視した営業で、訪問先に頻繁に顔を出すことによって、接触頻度を高めることから生まれる親和度をベースとした営業ですから、「売り込まなく」営業を行うことができます。

量は結果を裏切らず、回れば回るほど契約が取れるようになってきましたので、営業担当者も回ることが楽しくなってきました。ついに、営業1人当たり月に2件は契約が決まるようになってきた頃から、自然と各営業がよい意味での競争を行うようになり、さらに成果が出て売上も伸びています。

この会社は、地元での社歴も長く、人が集まる商業施設の隣にあることもあって、地元地域の会社を回ると「あそこの会社なら知っているよ」という人もたくさんいることがわかりました。何より会社から訪問先が近いので、頻繁に顔を出すことができます、

「売込み」は嫌われますが、何度も顔を出してくれる営業は、歓迎され感謝もされます。この積み重ねが、社員のやりがいに繋がり、ひいてはお客様への感謝へと繋がります。

第7章　販売・営業戦略

1　営業へのランチェスター法則の応用

ランチェスター営業の公式

ランチェスター法則を営業の公式に応用すると、
売上＝訪問面談接触回数の２乗×営業担当者の質
という「ランチェスター営業の公式」となります。
この公式に戦略的なセールスプロセスを組み合わせた営業戦略を構築します。
営業の仕事には、客先を訪問して営業を行う、訪問面談の仕事があります。
競合との競争になった場合に、成果を決定する要因を「ランチェスター営業の公式」では、量と質で考えます。

①　訪問面談における営業の接触量　　　　　　量
②　訪問面談における営業担当者または商品　　質

この「量と質」の中で戦略を構築して実践していきます。

例えば、生命保険、損害保険などの保険商品は、基本的に同質化しています。同じような商品を販売しているわけですから、成績に差は出ないはずです。それなのに、営業成績が優秀な営業と全

【図表 34　現状広告宣伝分析シート】

第7章シート① 現状広告宣伝分析シート

現状の広告宣伝方法を書き出してください。
戦略的な勝てる理由を書いてください。

1. 市場で自社の認知を図っている広告宣伝方法を書き出してください。

1、広告宣伝方法

2. 戦略的な勝てる理由を書いてください
(例)・覚えやすいようにロゴをつくった。
・業種的には珍しいホームページを新設。
・駅に看板を出していて社名を覚えやすい。

2. 戦略的、勝てる理由、質量の投入

く売れない営業と、大きく差が出ます。その原因には、営業担当者の質の差があります。
そこで、営業技術の質を高めるにはというテーマに、明確に取り組むことができます。

「ランチェスター営業の公式」における量

「ランチェスター営業の公式」における量に該当当するものを確認しましょう。

・量：接触数、面談数、訪問頻度、商品数、ラインナップ、実績数、取引量、シェア、広告宣伝量、電話、メール、お礼状　等

次に「質」に該当するものを確認しましょう。

・質：営業担当者の質、セールスプロセスの質、見込み客発見、接近、接触方法、プレゼン、営業トーク、クロージング力、商品の質、実績の質　等

現状の認知、見込み客発見の方法である広告宣伝方法を棚卸します。図表34のシートに現状の広告宣伝方法を書き出し、戦略的な勝てる理由を書いてください。

ランチェスター「営業の公式」に置き換える

次に、会社の営業方法をランチェスター「営業の公式」に置き換えします。

(1)　営業の公式「量と質」シート（図表35参照）

①　自社に置き換え「量」に当たる部分、「質」に当たる部分を書き出してみましょう。

【図表 35　営業量と質シート】

第7章シート②　営業量と質シート

営業の内容を、ランチェスター戦略「営業の公式」の量と質にわけるシートです。

ランチェスター戦略 「営業の公式　売上＝量2×質　」

「営業の公式」を自社に置き換えて書いてください。

1. 営業において「量」にあたる具体的実行手段を書きだしてください。
   会社で行っている具体的な実行手段です。

2. 営業において「量」の投入を行うには、何をどれぐらい投入すればよいか
   「量」の投入の手段を書いてください。

3. 営業において「質」にあたる具体的実行手段を書き出してください。
   会社で行っている具体的な実行手段です。

4、営業において「質」を向上するにはどうすればよいでしょうか。
   「質」を向上するための実行手段を書いていください。

【図表 36　営業量と質シート　競合会社】

第7章シート③ 営業量と質シート 競合会社

「営業の公式」を「競合会社」に置き換えて書いてください。

1．競合会社を書き出してください。

2．競合の営業における「量」にあたる具体的実行手段を書き出してください。
競合会社が行っている具体的な「量」における実行手段です。

3、営業において競合他社以上の「量」の投入を行うには、何をどれぐらい投入すればよいか「量」の投入の手段を書いてください。

4．．競合の営業における「質」にあたる具体的実行手段を書き出してください。
競合会社が行っている具体的な「質」における実行手段です。

4。競合会社以上に営業の「質」を向上するにはどうすればよいでしょうか。
「質」を向上するための実行手段を書いていください。

② 書き出したら、会社としての「量と質」、営業担当者個人の「量と質」と分けてみましょう。両方に共通すると思うところは両方書き入れてください。

③ 書き出した「量と質」を上げるにはどうしたらよいでしょうか。よりよくするための方法を書き入れてください。

(2) 競合会社　営業の公式「量と質」シート（図表36参照）

① 自社の「量」を書き出したら、次に競合会社の「量と質」を書き出しましょう。

② 自社の「量と質」シートと比較を行い、勝っているところ、強いところと、負けているところ、弱いところを書き出してください。

③ 強みをより伸ばすにはどうしたらよいのか、負けているところを伸ばすにはどうしたらよいのか、それとも捨てるのかを考えて書き入れてください。

2 戦略的セールスプロセス

営業において成果である「売上」を上げ、シェア一位を実現するための、営業におけるプロセスを習得しましょう。

営業においては、戦略的セールスプロセスと呼んでいます。戦略的セールスプロセスとは、営業において、見込み客発見からクロージングまで、営業担当者が行う行動において重要なプロセスを明確にしたものです。

戦略的セールスプロセスは、次の段階を踏みます。

(1) 見込み客発見
(2) アポメイント
(3) ヒアリング
(4) プレゼン
(5) クロージング
(6) リピート・紹介

このプロセスごとの段階に戦略を構築していきます。

このセールスプロセスにランチェスターの戦略原則を合わせていくと次のようになります、

(1) 見込み客発見

市場から見込み客をつくり出す手段です。

ニーズが十分にある市場において自社でシェアを占れない理由は、市場に競合がいて市場シェアを分け合っているからです。

どうやって見込み客を営業の目の前に連れて来るかの営業戦略を立てる必要があります。

この見込み客発見は、売上の入口となります。

①　現在の見込み客を発見の方法は何でしょうか。
②　現在以外のやり方での見込み客発見の方法は何でしょうか。
③　書き出した見込み客発見の方法の中で、競合と戦わずして集客できる方法は何でしょうか（例・紹介、口コミなど）。

(2)　アポメイント

見込み客へのアプローチの段階に入ります。

アプローチの第１段階は、面談へ向けてのアポメイントの取り方です。

確率戦的市場から接近戦へと戦う商談ベースが変わります。「量」で勝敗が決まるランチェスター第２法則から、営業担当者の実力がそのまま反映する第１法則に戦うベースが変わります。

アポ取りの原則は、先方に提示する面談の候補日程を２つ提示することです。１つでは、先方に予定が入っていた段階で終了です。２つ提示することで、選択肢が生まれ、どちらかにしようとなります。

(3)　ヒアリング

ヒアリングの目的は、相手の要望をすべて聞くことです。要点は、相手の要望をすべて、余すところなく聞き切るところにあります。

商品は、お客様が本当に解決したい課題やニーズを実現するためにあります。これを「商品の真の用途」と呼んでいます。。ヒアリングを通じて、顕在化した課題やニーズだけでなく、お客様が自分でも気がついていなかった潜在ニーズまで聞き切ることで、お客様は、

・自分が本当に解決しなければならない、根本的な課題
・自分が本当に求めているもの

に、初めて気がつくことになり、それは他社にはない差別化された価値になります。

できる営業担当者は、自然とこのヒアリングの深堀りを行っています。営業のほうから、お客様が本当の課題やニーズに気がつくようにヒアリングをするには、適した場所や時間も必要になります。

こちらから訪問するか、会社に来ていただくか、相手から来ていただくかも考慮すべき点です。そして、「お話を伺って、もし○○という商品があったらどうなりますか」など、テストクロージングをしてみるのも有効です。

このヒアリングを踏まえて「提案書」を作成し、プレゼンに進みます。

このときに、次回のプレゼンとクロージングの約束を取りつけます。

(4) プレゼン、(5) クロージング

プレゼンテーションは、「相手に行動を促す」目的があります。

①　プレゼン、クロージングにおいての原則は、
・見込み客の要望と必要項目の確認→結論です。
・流れが重要であり、この1点に集中する時間です。
②　意思決定者が相手、もしくは同席していることが条件です
③　多くとも選択肢は３つの中から。選択肢は相手に「選択の自由」を与えながらも1点に集中する必要があります。
④　クロージング
クロージングの前に、すべての要望を満たしているかどうかを最終確認し、意思決定を促します。沈黙も有効です。

⑹　リピート・紹介

セールスプロセスのゴールは、お客様にリピート客になっていただくことです。

商品には、一度契約をすれば繰り返し売上が見込めるリピート型と売り切りのスポット型の商品があります。

販売した後こそが大事なのです。営業の公式「売上＝接触回数の2乗×質」をセールスプロセスの仕上げとして顧客維持を行い、競合のいないところでリピート、紹介を得てください。

これらを可視化するために図表37を活用します。

【図表37　セールスプロセス可視化シート】

第7章シート④セールスプロセス可視化シート

自社のセールスプロセスを可視化します。
セールスプロセスごとに現在会社で行っている、方法、やり方を書いてください。

1. 見込客発見

2. 見込客との距離を縮める方法

3、ヒアリング

4. プレゼン、提案

5. クロージング、契約

6. リピート

7. 紹介を得る方法

3　必勝の量の投入

ランチェスター戦略では、必勝の量を定めています。この量は、

ランチェスター法則　力＝量の２乗×質

の「量」のことです。質が同質化している場合は、量の多いほうが勝つという法則です。

その量において必ず勝つには、相手よりどれぐらい多く投入すればよいかの目安がポイントになります。

この必勝の数字の根拠になっているのは、オペレーションズ・リサーチ（通称ＯＲ）という学問です。

オペレーションズ・リサーチは、現実の目的や課題に対して、何が一番効果的かを数字的に検証して最適な数字を導く学問で、経営にも応用されています。

第二次世界大戦当時、米軍は、このオペレーションズ・リサーチを対日本戦に応用しました。

ランチェスター法則にオペレーションズ・リサーチから導く必勝の数字を合わせると、次の数字となります。

・第２法則化：確率戦、遠隔戦、間隔戦など、敵味方同士が離れて戦う場合→敵の１・７倍
・第１法則化：接近戦、一騎打戦、直接戦など、敵味方が接近して戦う場合→敵の３倍

「必勝」の数字

ここで必勝の数字を交えての目標設定という、ランチェスター戦略を応用するに当たり、大変重要な要因が出てきます。

同質化した商品や販売方法において原則の必勝の量は、敵の3倍です。

・近くで戦う接近戦や一騎打戦では競合の3倍を投入が基本です
・離れて戦う確率戦や間隔戦での販売・営業は競合の1・7倍を投入が基本です

1・7倍というのは、確率戦、間隔戦の市場においては2乗作用が発生しますので、1・7×1・7で2・83、約3倍になり、必勝数値になるということです。

例えば、一定の地域において競合しているリフォーム会社が、同質化したメニューチラシを折込みチラシで打ちあったとします。折込みチラシは、直接お客様と会わない間接営業になりますので、競合の1・7倍チラシを投入したほうが勝ちます。

営業においても同じです。既存客という一定の客層に対して、自社と競合会社が同質化した商品同士で契約争いをしていた場合、先方担当者とは接近戦同士での戦いとなります。

この場合、理論的には競合の3倍訪問したほうが勝つということになります。実際では営業の質など他の要素も絡んできますが、必勝の数字としては基本となります。

そうなると、経営資源は限られていますから、商品・地域・客層の設定において、競合の1・7倍、3倍を投入できる戦略を事前に立てる必要があります。

量とは、投入する戦術量のことです。

営業の接触回数だけでなく、店舗の大きさ、駐車場の広さ、品揃え、数にも必勝の量は当てはまります。

競合と比較して、1・7倍以上あれば勝てる、目立つというときによく引き合いに出されるのが、大阪の繁華街・道頓堀にある「グリコ」の看板です。

グリコの看板は、道頓堀のランドマークとして、知らない人はいないほど有名ですが、「グリコの隣の看板の企業は？」となると、ほとんどの人は頭に浮かびません、
実は、その企業は、グリコと並ぶ、知らない人はいない日本を代表する乳製品メーカーなのですが、あまりにグリコの看板が大きく、キャラクターのインパクトが強いために、全く目立たなくなっています。

その隣の乳製品メーカーの看板とグリコの看板を比較すると、グリコのほうが1・7倍以上面積は広いです。

比較対象がなければ、必勝の量を投入しなくても目立ちます。

新幹線など、鉄道沿線沿いの田んぼや畑の中に、ポツンと看板が立っていることがあります。周りに類似した看板が全くありませんので、よく目立ちます。

必勝の量とは、あくまでも競合との競争における適正値であり、周りに競合が全く存在しない場合は、通常の戦術投入量でも勝てるということです。

どれぐらいの戦術量を投入すれば競合に勝てますか、という質問をいただくことがありますが、競合との関係性で成果は決定します。

また、そこには、量だけでなく質もかかわってきます。

すべて同じ環境はないわけですから、本書でテーマとしている「自分の頭で考える戦略思考」を持つことが一番大切になります。

「必敗」の数字

考えておかなければならないのが、この逆で「必敗の数字」です。競合会社から必勝の数字をかけられたら、必敗となります。

自社の接触頻度が1にもかかわらず、競合会社から3をかけられたら、1対3ですから勝てません。

同質化した商品や販売方法において必敗の数字は、

・確率戦や間隔戦での販売・営業で、競合から1・7倍を投入されたら必敗

・接近戦や一騎打戦での販売・営業で、競合から3倍を投入されたら必敗

となります。

最初の情報収集と分析、その後の情報収集が大事と思います。その情報収集と分析を経て営業戦略を構築するには、図表38、39を活用します。

【図表 38　営業戦略構築シート１】

第7章シート⑤　営業戦略構築シート1

営業戦略を構築するシートです。第7章②のシートの自社の現状を踏まえ、
セールスプロセスに合わせて、自社の営業戦略を書いてください。

ランチェスター戦略　営業の公式 「売上＝量2×質」に合わせて、
①戦略的に勝てる方法、理由　②量の投入に当たる部分　③質に当たる部分
を書いて、勝てるセールスプロセスを構築してください。

1．市場から見込客を作る方法を書きだしてください。

①勝てる理由	
②量の投入	③質の投入

2．見込み客との距離を縮める方法

①勝てる理由	
②量の投入	③質の投入

3、ヒアリング

①勝てる理由	
②量の投入	③質の投入

4．プレゼン、提案

①勝てる理由	
②量の投入	③質の投入

【図表 39　営業戦略構築シート２】

第7章シート⑤　営業戦略構築シート2

4. プレゼン、提案

①勝てる理由	
②量の投入	③質の投入

5. クロージング、契約

①勝てる理由	
②量の投入	③質の投入

6. リピート

①勝てる理由	
②量の投入	③質の投入

7. 紹介を得る方法

①勝てる理由	
②量の投入	③質の投入

4　BtoBにおける射程距離理論

ランチェスター必勝の法則では、２社間の競争において3倍差がつくと、つけられたほうは逆転が不可能になります。

この3倍は、市場でのシェアにおいても反映されます。

そこで、特定の市場における自社のシェアが競合と比較して数字で表すと何倍離れているかを明確にして、取るべき戦略を決定します。

射程距離理論

ＢtoＢ対法人型の販売戦略においては、ランチェスター戦略の「射程距離理論」を活用します。ランチェスター戦略では、『「射程距離理論」は、「3（サン）：1（イチ）の理論」とも呼ばれるランチェスター戦略における重要な理論です』と定めています。

市場の総量を１００％とします。

一位の会社が独占数値である73・９％シェアを取った場合、二位の会社のシェアは26・１％になります（73・９％＋26・１％＝１００％）。

このとき、一位の会社と二位の会社の射程距離は、約３（２・83）対1となり、二位企業からの逆転は不可能な数値となります。これを射程距離外と呼んでいます。

一位と二位の差が3倍以内であれば、逆転可能な数値である射程距離内です。

ランチェスター戦略では、特定市場における自社と競合他社のシェア、順位によって取るべき戦略を決定しますので、例えば特定の地域でシェア73・9％を取っている絶対強者がいた場合、基本的にはその強者とは戦わないという方針が出てきます。

BtoB対法人型の販売においては、販売先の中での自社、競合のシェア、順位によって、取るべき戦略を決定します。

販売先における情報分析と戦略

第5章の3で使用した「BtoB顧客シート」をここで活用します。

「BtoB顧客シートシート」では、

・販売先における自社及び競合の売上とシェア、順位を表に表しました。
・販売する商品アイテムが多い場合は商品ごとの売上とシェア、順位を表にします。
・競合の販売する商品、販売方法も表します。

その結果、販売先における自社の順位が明確になりました。

続いて、販売先における、

① 自社および競合の売上、シェア、順位

②　自社および競合の販売する商品
③　自社および競合の販売方法

を元に、「射程距離理論」を踏まえて戦略を立てます。

射程距離と効果比率

図表40を用いて射程距離を導く交換比率を出します。交換比率とは、シェアから導く実際の戦力差のことです。

射程距離の出し方は、販売先の総需要を自社と競合のシェアで割った数字を2乗したものです。なぜ2乗になるかというと、競合している競争状態だからです。

例えば、自社が一位シェアで50％であって、二位の競合シェアが30％、三位の競合シェアが20％であった場合、

一位自社＝50×50＝２５０、二位競合＝30×30＝90、三位競合＝20×20＝40

となります。

2乗した数字が実際の戦力差で、この数字を元に交換比率を出します。

2乗したあとは、

①　一位から三位までの2乗した数字をすべて足します。

２５０＋90＋40＝３８０

②　足した数字を自社の2乗した数字で割ります。この数字が自社の交換比率です。

・一位自社＝380÷250＝1・52です。この数字が自社の交換比率です。

二位と三位も同様に行います。

・二位＝380÷90＝4・22です。この数字が二位会社の交換比率。

・三位＝380÷40＝9・5です。この数字が三位会社の交換比率。

③　この交換比率で射程距離を見ます。

一位と二位の差は、4・22÷1・52＝2・78倍、約3倍射程距離があります。

一位と三位の差は、9・5÷1・52＝6・25倍の射程距離です。

二位と三位との差は、9・5÷4・22＝2・25倍の射程距離です。

これで販売戦略構築の元になる自社と競合の射程距離を出すことができました。

少し難しいかもしれませんが、慣れると簡単にできるようになります。あらかじめエクセルシートで計算式をつくっておけば、入力するだけで計算できます、

射程距離理論を活かした戦略の取り方

(1)　一位の場合

自社の売上が一位シェアであって、に位以下を3倍以上離している場合は、強者の戦略を取ります。

①　シェア目標

最低でも一位であって、41・７％の維持。目標は73・９％の上限目標値です。常に２位以下とのシェアの差を３倍以上維持し続けます。

②　商品戦略

一位の売上シェアを維持し続けます。そのために、販売先での商品構成を増やす、新しい商品提案をするなど、二位以下の会社が入ってこられないように、隙間をつくらないようにします。

二位以下が新提案をしてきたら、その情報を掴んですぐに同じ商品提案を行うなど、ミート戦略を即応戦で行います。

③　地域戦略

一位にとって一番重要な拠点は死守します。東京、大阪、地方の中心都市、県庁所在地など、本社、支店、旗艦店舗、販売先の重要拠点、販売先の決定者、担当者、重要キーマンのいる拠点は質量投下して死守します。

④　営業戦略

営業における量と質も常に一位の質量を投入し続けます。

訪問接触回数においても、常に最低でも競合の２倍以上の量を投入し続けます。自社の役職者、エース級の営業担当者を担当にして、営業の質においても一位を維持します。

⑤　攻撃目標

二位以下の会社すべてとします。

(2) 二位の場合

自社の売上が2位以下のシェアであって、一位との差が3倍以内の射程距離の場合は、弱者の戦略を取ります。

① シェア目標

一位との差を逆転可能な、射程距離3倍未満を目標とします。ただし、「強い敵とは戦わない」という原則がありますので、一位など上位企業とまともに同じ商品で戦っては勝てません。

基本戦略は、「差別化」である弱者の戦略でシェアを押し上げます。

この場合に、二位は一位に対して弱者の戦略で戦いますが、二位企業は三位以下には逆転されないように強者の戦略も適用する必要があります。三位以下に隙間を与えないようにします。

三位以下も、基本は上位企業には弱者の戦略で戦いますが、シェアが10％未満の場合は、下位企業も弱いので、強者の戦略をとって下からシェアを取るというよりも、基本は弱者の戦略で上位シェアを目指す方向性を強くすべきです。

② 商品戦略

差別化戦略を取ります。

一位企業始め上位企業とは差別化された市場を突破できる商品がなければなりません。この場合に、一位を始め上位企業からのミート戦略に気をつける必要がありますので、確固たる売上を上げるまでは「隠密戦」で進むことが肝心です。

弱者でも一位の商品があると営業がしやすくなりますので、小さくてもよいので何かで一位の商品づくりを行いましょう。

③　地域戦略

強い敵がガッチリ守っている主要拠点よりも、手薄になっている地方拠点から攻略していき、主要拠点に攻め上がるのが原則です。

例えば、東京23区を攻略する場合、強い敵がたくさいる中央区、千代田区、新宿区、港区、目黒区などから攻めるのではなくて、江戸川区、足立区、北区など、比較的競合が弱い地域から攻略していてシェアを上げていく戦略です。

④　営業戦略

一位企業始め上位企業の販売方法の情報を集めて分析し、独自の戦略を取ります。

上位企業とは違う独自の企画、提案で差別化を図ります。

販売先においても、他社の訪問接触頻度が低い場合、ピンポイントで接触量を集中し、人間関係という質でパイプを強化していきます。

⑤　攻撃目標と競争目標の分離

一位の会社を始め、自社より強い敵とはまともに戦わないのが原則です。したがって、攻撃目標は、二位以下の会社となります。すぐ下の敵である「足下(そっか)の敵を叩け」が原則です。

【図表 40　BtoB射程距離と交換比率シート】

第7章シート⑥　BtoB射程距離と交換比率シート

第5章④販売先リサーチシートをベースに作成願います。

販売先における自社及び競合の売上とシェアが明確になっている事が条件です。
・シェア2乗比率のところで単位を切り捨てます。
※　実際には競合が多数あるなど、自社の現状に合わせて設定してください。
※　必勝の数値は、競合会社より3倍の量の投入です。 遠隔確率戦のみなら1．7倍。

記入例

販売先会社名	自社・競合会社名	売上高	各社シェア	aシェア2乗比率	b÷a 交換比率	自社からの 射程距離
1 ○○社	自社	5000千円	50%	250	1.52	0
	競合A	3000千円	30%	90	4.22	2.78
	競合B	2000千円	20%	40	9.5	6.25
			シェア合計	b合計　380		

実際に作成してみましょう。戦略構築のベースになるので主要な販売先は必ず必要です。
作成するには、事前のリサーチが必ず必要です。

販売先会社名	自社・競合会社名	売上高	各社シェア	シェア2乗比率	交換比率	射程距離
1	自社	千円	%			
	競合A	千円	%			
	競合B	千円	%			
	競合C	千円	%			
	競合D	千円	%			
			シェア合計	合計	合計	合計

販売先会社名	自社・競合会社名	売上高	各社シェア	シェア2乗比率	交換比率	射程距離
2	自社	千円	%			
	競合A	千円	%			
	競合B	千円	%			
	競合C	千円	%			
	競合D	千円	%			
			シェア合計	合計	合計	合計

この場合、下位といってもシェアが接近していて相手が強いとき、下位企業にも弱者の一点集中による商品の差別化、営業の集中投入を行うことがあります。

⑶　一位始め、上位企業に3倍以上の射程距離をつけられている場合

「勝算なきは戦わず」で、撤退を考える必要もあります。

完全ニッチャーとして「弱者戦略」に徹するやり方もありますが、適正な売上や粗利益が確保できるという勝算あってのことです。

撤退は決して恥ずべきことではなく、勇気ある決断です。

5　地域ローラー作戦

地域での販売戦略の基本は、ローラー作戦になります。

地域戦略の目的は、地域シェア一位の会社になることです。地域密着型の業種は、特定の地域で集中して顧客をつくってシェアを高めて一位になると、実績と知名度で頭1つ抜けた状態となって「一位集中の効果」が起こり、需要が集中します。

自社を中心とした近い地域にお客様が集中しているため、効率よく訪問することもでき、訪問接触量において競合他社を凌駕することが可能になります。

そこで、地域ローラー作戦を行って、まずは会社や営業所を中心とする近い地域で一位シェアを

実現しましょう。
この地域ローラー作戦を行うと、営業の地域知識が格段に上がります。
地域ローラー作戦を実際に会社で行う順序は、次のとおりになります。

地域ローラー作戦の準備

① 地域戦略で決定した自社の中心地域と最大範囲について、具体的に○○市○○町○丁目字まで、町名と丁目、字までを明確に表にします。

② 中心と最大範囲のターゲットの実数調査をします。
そのために、見込み客リストを作成します。見込み客リストは、実践段階で精度を高めていきます。

③ まず、中心である第一重点地域を大ブロック分けします。
大ブロック1つは、おおよそ半年から1年ですべて訪問できる大きさが目安です。
・ブロックには番号をつけます。
・ブロック分けは町単位を基本とします。
・幹線道路、鉄道、川、工場、公園、山など構造物によって遮断されているところで大ブロックの区分けを行います。

④ 大ブロックを中ブロックに区分けします。
中ブロック1つは、3か月ですべて訪問できる大きさが目安です。

・ブロックには番号をつけます。
・ブロック分けは町単位を基本とします。

⑤　中ブロックを小ブロックに区分けします。
小ブロックが最小単位になります。小ブロックの単位は町と丁目、字などです。小ブロック１つは、１週間ですべて訪問できる大きさが目安です。

⑥　営業を行っていく地域の順番を決めます。
最初は、自社に近い地域、または戦略的に押さえなければいけない地域です。

自社に一番近い地域、または一番効果性の高い地域、押さえておかなければならない地域など、最初にシェアを取る地域を決定するのは、戦略的決定です。

自社に近い地域は基本ですが、法人の多いビジネス街、工業団地、ターミナル駅、交通の要衝地、ターゲット世代が集中するニュータウンなど、ターゲット客層によっては自社から離れた飛び地から押さえていかなければならない地域があります。

そこにまずコマを置くという発想で順番を決めるやり方もあります。

⑦　小ブロック１つごとに営業担当者を決めます。
この担当者の振り分けは、大または中ブロックごとに行う場合もあります。したがって、小ブロックの数は、自社の投入できる営業スタッフで回れる数となります。

ただし、会社案内配り、ポスティングなどは、新たにパート従業員を雇用して回る会社もあります。

地域ローラー営業実践

中ブロックを5つの小ブロックに区分けして、毎日1つの小ブロックを回ります。3か月・12週で中ブロック1つを回り切ることになります。

用意するものは、中ブロックおよび小ブロックの地図、見込みリストです。

①　1週目~3週目…挨拶リストの精度を高めるのが目的

小ブロック1つごとに営業担当者が個別訪問し、小ブロックすべてを回ります。

月曜、火曜と日ごとに小ブロックを個別訪問し、挨拶だけに留め、売込みは行いません。会社案内などのパンフ、チラシは置いてきます。

週5日、毎日小ブロックを回るとして、週単位で5つの小ブロックを回ることになります。

回りながら、見込みのない会社は、訪問リストから外していきます。

②　2週目~6週目……情報収集が目的

名刺交換を行い、どこと取引しているか、ニーズはあるか、意思決定者は誰かなど、売り込まず、情報収集を続けます。

見込みがない会社は、リストから外していきます。

③　7週目から9週目……小ブロック訪問7~9回目

名刺交換、情報収集から、自社の紹介を行っていきます。

意思決定者へのヒアリング面談の提案を行います。

ヒアリングに至らない相手は、リストから外していきます。

④　10週目から12週目……小ブロック訪問10～12回目

プレゼンからクロージングを行う段階です。

ヒアリングまで行ってクロージングに至らない相手は、待ち客としてリストに残します。

⑤　この週や訪問回数は、基本の形を紹介していますので、見込みのある所は今後も営業を継続します。

⑥　中ブロック１つである小ブロック５つを12週間かけて回りました。次の中ブロック攻略に向かいます。

注意ポイント

この週や訪問回数は、あくまで基本の形を紹介しました。目安としてください。会社の状況や進み方よって、週や訪問回数は変わります。

地域を回ることで内容を高めた見込み客リストは、生きた情報として会社の財産になります。

この地域ローラー作戦を成功させるコツは、終りから現在に至るように考えることです。プロセス自体は前に進んでいきますが、目標はあくまでシェア一位になることです。

シェア一位の状態を強くイメージして進んでいくことで、スグに結果が出なくても前に進むことができます。

【図表 41　地域ローラー作戦シート　事例】

第7章⑦　地域ローラー作戦シート　事例

1．地域戦略で定めた中心と最大範囲を具体的な市区町村で表にします。
　これは参考事例です。会社の状況、戦略に沿って会社ごとに作成します。
　大ブロック分け　この時、中心地域は大ブロックごとに分けます。

中心地域

	市区名		町名　　丁目
大ブロック①	○○市	○○区	○○町
			○町
大ブロック②		○○区	△△町
			△町
大ブロック③		○○区	××町
			×町

最大範囲

市区名		町名
○○市		○○市　全域
△△市		○○町から△△町まで

2、中心地域の実数統計調査を行います。
　別シートにて作成してある場合は、当該シートを参照し行います。
・BtoC　：人口　男女別人口　世帯数、持家比率、総額、シェアなど
・BtoB　：全法人数、ターゲット法人数、市場総額、シェアなど

中心地域　BtoC

	市区名		町名	人口	世帯数	市場総額	シェア
大ブロック①	○○市	○○区	○○町				
			○町				
大ブロック②		○○区	△△町				
			△町				
大ブロック③		○○区	××町				
			×町				

中心地域　BtoB

	市区名		町名	全法人数	ターゲット	市場総額	シェア
大ブロック①	○○市	○○区	○○町				
			○町				
大ブロック②		○○区	△△町				
			△町				
大ブロック③		○○区	××町				
			×町				

3．大ブロックを中ブロックに細分化します。

	市区名		町名	丁目	
中ブロック①	○○市	○○区	○○町	1丁目から10丁目	
中ブロック②			○町	1丁目から5丁目	
中ブロック③			△△町	1丁目から10丁目	
中ブロック④			△町	1丁目から5丁目	
中ブロック⑤			××町	1丁目から10丁目	
中ブロック⑥			×町	1丁目から5丁目	

4．一つの中ブロックを小ブロックに細分化します。
　担当者と訪問日時と回数を決定します。

	町名	丁目	担当者	訪問日時	回数
小ブロック①	○○町	1丁目から2丁目			
小ブロック②	○○町	3丁目から4丁目			
小ブロック③	○○町	5丁目から7丁目			
小ブロック④	○○町	8丁目から10丁目			

5．小ブロックごとに、量の投入を重視した「ローラー営業」を行います。
　このときに実際訪問したところを書き込んで、独自の表を作成していきます。
　・下はBtoBでの参考表です。表の訪問回数は増えていきます。
　　訪問時間　、面談相手、内容など詳細は営業日報で確認していきます。

地域名	小ブロック①	1丁目から2丁目		担当者名		
訪問先	4月度	訪問日時	訪問回数		訪問日時	訪問回数
○○社	第1週	3日	1回目	第2週	12日	2回目
	第3週	18日	3回目	第4週	25日	4回目
△△社	第1週	日	1回目	第2週	日	2回目
	第3週	日	3回目	第4週	日	4回目

【図表 42　地域ローラー作戦シート】

第７章シート⑧　地域ローラー作戦シート

1、地域戦略で定めた中心と最大範囲を具体的な市区町村で表にします。
これは参考事例です。会社の状況、戦略に沿って会社ごとに作成します。
大ブロック分け　中心地域は大ブロックごとに分けます。

中心地域

	市区名		町名　　　丁目
大ブロック①			
大ブロック②			
大ブロック③			

最大範囲

市区名		町名

2、中心地域の実数統計調査を行います。
別シートにて作成してある場合は、当該シートを参照し行います。
・BtoB　：全法人数、ターゲット法人数、市場総額、シェアなど
・BtoC　：人口　男女別人口　世帯数、持家比率、総額、シェアなど

中心地域　　BtoB

	市区名	町名	全法人数	ターゲット	市場総額	シェア
大ブロック①						
大ブロック②						
大ブロック③						

中心地域　　BtoC

	市区名	町名	人口	世帯数	市場総額	シェア
大ブロック①						
大ブロック②						
大ブロック③						

3、大ブロックを中ブロックに細分化します。

	市区名		町名	丁目		
中ブロック①						
中ブロック②						
中ブロック③						
中ブロック④						
中ブロック⑤						
中ブロック⑥						

4、一つの中ブロックを小ブロックに細分化します。
担当者と訪問日時と回数を決定します。

	町名	丁目		担当者	訪問日時	回数
小ブロック①						
小ブロック②						
小ブロック③						
小ブロック④						

5、小ブロックごとに、量の投入を重視した「ローラー営業」を行います。
このときに実際訪問したところを書き込で、独自の表を作成していきます。
訪問時間　、面談相手、内容など詳細は営業日報で確認していきます。

地域名	小ブロック①	1丁目から2丁目		担当者名		
訪問先	月度	訪問日時	訪問回数		訪問日時	訪問回数
	第1週	日	回目	第2週	日	回目
	第3週	日	回目	第4週	日	回目
	第1週	日	回目	第2週	日	回目
	第3週	日	回目	第4週	日	回目

営業における担当者のスキル、人間性について

ランチェスター戦略では、接近戦や直接戦と呼んでいる弱者の戦略があります。お客さんに直接、接近する営業担当者のスキルが契約率に大きくかかわるところです。

保険商品のような基本的に同質化した商品においては、営業担当者のスキルや人間性が大きく商品の契約にかかわってきます。

会社が強い商品を営業担当者に渡しても、お客さんから見れば、直接接する営業担当者から商品を購入することになりますので、目の前の営業担当者を信用できるか、この人から買う価値があるのかどうかの顧客判断が最終的な決め手になります。

営業とは、「自分を売ること」とよくいわれますが、担当者自身も商品です。

いくらランチェスター戦略どおりに必勝の量の投入を行っても、質の高い営業担当者に市場の売上は集中するでしょう。

最終的には、人と人との繋がりで決定しますので、戦略も大事ですが、他者と同質化した同じ商品であっても、「あなたから買いたい」とお客さんに思っていただけるように、営業担当者は日頃から自らスキルアップしていく必要があります。

できる営業担当者は、常にお客さんを向いて、情報や感謝を、訪問、はがき、メールなどで届けています。ランチェスター戦略の一位づくりに通じる、お客さんの心の中で信頼、信用、安心で一番の存在になってほしいと思います。

第8章　顧客維持戦略

1　顧客維持における「量×質」

経営を構成する要因の中で、顧客維持は一度市場からつくったお客様をどう維持して増やしていくかということになります。それには、しっかりと考えられた戦略が必要になりますので、付属の図表43〜47のシートを活用して貴社独自の顧客維持戦略を構築しましょう。

顧客維持における「量」とは？

それでは、顧客維持における「量」とは、どんなことでしょうか。ランチェスター戦略では、「お客様と接触する回数」になります。

既存のお客様に対して、営業マンが訪問する、電話をかける、ＦＡＸを送る、メールを送る、ハガキを送る、ＤＭや情報誌を送るなどのアフターフォローなどです。これ意外もに受付での対応、電話の応対、会社パンフレット、ホームページ、道路脇の看板、チラシ、名刺など、お客様が貴社に接触するところすべてになります。

競合会社と「質」が同じと仮定した場合、「量」の投入が多いほうが当然、選ばれ続けることになりますので、顧客の流出を防ぐことができます。意図的にライバル会社より「接触頻度」が多くなるように、顧客維持の仕組みをつくることが大切と考えます。

例えば、ライバル会社が毎月1回訪問しているのであれば、自社は2回訪問する、あるエリアにおける道路脇の看板の量がライバル会社の2倍になるよう設置するなどの手を打ちます。

顧客維持における「質」とは？

次に、顧客維持における「質」を見ていきましょう。

営業マンでたとえるならば、前章の営業戦略でお伝えしたセールスプロセスなどの営業スキルの差になります。

当然、入社1年目の新人社員より、この道20年のベテラン営業マンのほうが質の高いことは一目瞭然です。

では、インターネット販売のようにお客様と直接合わない場合は、どんなことが考えられるでしょうか。

タイヤの通販など差別化しにくい商品を扱うショップでは、商品の梱包の面白さが話題に上ってリピート客を増やしています。

また、商品と一緒に同封する手紙があるかないかなどです。当然、同じ手紙でもパソコンでタイプしたものをコピーしただけの内容より、感謝の気持ちの伝わる手書きのほうがより質が高いということになります。

事務所内で働く事務員さんの場合はどうでしょうか。

来社された方への笑顔の挨拶や声のトーン、電話の応対、お茶出しなどに「質」の差が現れます。

席を立ってご挨拶する、明るくハリのある声でお出迎えする、手書きのコースターでコーヒーをお出しする、お客様へお渡しする書類に手書きの付箋をつけるなど、「お客様にどれだけ喜んでいただけるか」が質の高さになります。

また、会社パンフレットやホームページの見やすさ、掲載内容やデザイン性など、お客様にとってどれだけ使い勝手がよいかなども「質」に含まれます。

お客様との接点を見直し、1つずつ向上させていくことが大切と考えます。

まずは「量」の投入から

顧客維持の大切さは理解できましたが、実際には「量」と「質」どちらから手をつければよいでしょうかという質問をいただきます。ランチェスター戦略的には、まず「量」の投入から始めることをおすすめしています。

量を2倍にすることのほうが、質を2倍にするより早くて簡単ということです。

質は、人材によるところが大きいため、性質上すぐに高まるものではありません。また、質を高めるには、ある程度の稽古が必要になります。そのため、量の投入を増やすことで、徐々に質も高まっていくという好循環が生まれます。

その中でも、営業マンの訪問など直接的な顧客維持と、ハガキやニュースレター、ホームページなど間接的なものがありますが、弱者は直接的なものを優先的に行うことが成果を上げる近道です。

【図表 43　顧客維持方法書き出しシート】

第8章シート①　顧客維持方法書き出しシート

お客様は、あなたを通して会社を評価していますので、はじめにお客様との接点を洗い出します。

1. あなたとお客様が接するところをすべて書き出してください。

（例）電話、メール、FAX、会社案内、カタログ、注文書類、注文時、
施工時、営業訪問時、配達、納品、封筒、看板、名刺など

2. あなたが行っている「顧客維持方法」をすべて書き出してください。

【図表 44　顧客維持「量と質」決定シート】

第8章シート②　顧客維持「量と質」決定シート

現在、行っている顧客維持方法を「量」と「質」に分けて考える事で優先順位がはっきりします。

1．前項で書きだした「顧客維持方法」を「量」と「質」に分けてください。

「量」だと思うこと

「質」だと思うこと

あなたの会社ではどんなことが量と質でしょうか？

まず、図表43を用いてお客様との接点あるところを書き出し、同時に現在行っている顧客維持の方法を書き出してみましょう。

次に、図表44を用いて書き出した項目を量と質に分け、それぞれの対策を考えましょう。

2　お客様の求める衛生要因と満足要因

さて、ここで考えていきたいのは、自社の商品・サービスがどれだけお客様を満足させているでしょうか？　ということです。

飲食業を例にとってみてみると、料理が美味しくない、トイレが汚いなどは、そもそもいくらクーポンなどで集客したとしても、リピートしていただける可能性は少ないでしょう。また、リピートしていただけないばかりでなく、「あのお店はおすすめできない」などのマイナスの口コミを起こす原因になります。

いくら美味しい料理を出しても、いくら雰囲気のよい店内であったとしても、そのサービスを提供している「人」の接客がまずかったら、お客様の評価はマイナスになってしまいます。

顧客維持では、こういったお客様が不満に思う要因を「衛生要因」と「満足要因」に分けて考えます。

別々に考えることで、緊急性のあること、すぐには対応できないが徐々に改善していく必要のあることなど、優先順位が明確になり、手をつける事柄がハッキリ見えるようになります。

衛生要因とは？

それでは、引き続き飲食業を例にとって具体的に衛生要因を見ていきましょう。

衛生要因とは、看板が見えにくい、店舗が開いているのかわかりにくい、駐車場が入りにくい、トイレが汚い、席がベトベトする、グラスが汚れている、おしぼりが臭い、洗面所の鏡が汚れているなど、「お客様が少しだけ不満に思っている事柄」です。

商品やサービスの購入の決定権は、１００％お客様が持っていますので、まずお客様が不満に思っていることを洗い出すことが顧客維持の第1歩です。

満足要因とは？

満足要因とは、「お客様の気持ちをさらにプラスにしていく事柄」です。

飲食業でいえば、接客の向上や新商品の提供、店内イベント、プレゼント、割引クーポンなど満足度をより高めていくことです。

マナー研修や接遇などを取り入れて接客の向上を図ることは、多くの会社で行っているのではないでしょうか。

この他にも、季節ごとに新メニューを提供することで新鮮さを維持したり、お誕生日のお客様が

【図表 45　衛生要因・満足要因シート１】

第8章シート③　衛生要因・満足要因シート1

1.　お客様と直接する所を書き出してください。
・、営業訪問、定期訪問、配達、納品、工事・施工時、電話、メール、FAX、会社案内、カタログ、注文書類、注文時、封筒、

2. お客様の不便・不満・二度手間を取り除き、衛生要因を満たす。満足要因をご提供する。
「お客様の立場で点検する」・列記する。

① 衛生要因か、満足要因かの区別を行う。
② 緊急度・重要度【A:至急・マスト　B:3か月以内　C:6か月以内　D:6か月以上】の仕分けを行う。

衛生要因:　できていて当たり前の要因　できていたとしても満足度が上がるわけではない　できていて通常の状態。
普通の挨拶ができる→挨拶は基本。できて当たり前。　トイレが汚い→トイレは綺麗で通常。
遅刻しない→時間は守って当たり前。

満足要因:　お客様に満足していただける商品、対応など、喜んでいただく、満足していただく要因。
いつも元気な挨拶、礼儀正しい→気持ちがよい。　準備が行き届いている→用意周到で安心だ。

内容	部署	衛生・満足要因	重要度	衛生要因への原因と対策、改善策。　満足していただく具体案
クレーム対応をほったからしにした		衛生	A	即時対応する。即時対応できる社内体制を整える。
顧客情報を整理した顧客一覧表が無く、対応や時間がかかる		衛生	A	顧客リストを整備し、担当者名、部署や役職を明確にし、対応力を強化する。
担当者へ定期報告や完了報告を行なっていない。		衛生	A	担当者から報告をFAX、メール等で行う、習慣つける。
お礼状を定期的に出す。		満足	A	感謝を伝える。忘れられないようにする。
得意客、上客には入金御礼ハガキを出す。		満足	B	感謝を伝える。

【図表46　衛生要因・満足要因シート２】

第8章シート④衛生要因・満足要因シート2

お客様の不便・不満・二度手間を取り除き、衛生要因を満たす、満足要因をご提供する。
「お客様の立場で点検する」・列記する。

① 衛生要因か、満足要因かの区別を行う　② 緊急度・重要度【A：至急・マスト　B：3か月以内　C：6か月以内】の仕分けを行う。

衛生要因：　できてい当あたり前の要因　できていたとしても満足度が上がるわけではない　できていて通常
普通の挨拶ができる→挨拶は基本。できて当たり前。　トイレが汚い→トイレは綺麗で通常。　遅刻しない→時間は守って当たり前。

満足要因：　お客様に満足していただける商品、対応など、喜んでいただく、満足していただく要因。
いつも元気な挨拶、礼儀正しい→気持ちよい。　準備が行き届いている→用意周到で安心だ。

きょうより明日。改善に終わりはない。終わりと思うとそこで進歩は止まる。常に向上心を持って前向きに取り組みましょう。

担当部署：　　　　担当者：　　　　確認者：

内容		部署	衛生・満足要因	緊急度、重要度	衛生要因への原因と対策、改善策、満足していただく具体案
配達時間が遅いと、お客さんに指摘される			衛生要因	A	配達のスケジュールに無理がある。スケジュールの見直し
改善等、具体的実施状況	実施日　年　月　日	実施者	今後の改善等、実施内容	何時までに	年　月　日

来店された際に何かしらのサプライズを行ったり、お会計後にお店の外までお見送りして見えなくなるまでお礼をするなど、その内容は様々です。

まずは「衛生要因」の洗い出しから

よくお客様満足度をアップさせようという取組みを聞きますが、衛生要因と満足要因の区別がわからず、２つの要因をゴチャ混ぜにして行ってしまうことがあります。

飲食店を例に出しましたが、いくら料理を美味しくしても、接客の向上を図っても、衛生要因を疎かにしていては、リピート率の向上には繋がりません。まずは、満足要因をアップさせる前に、しっかりと衛生要因を満たしましょう。ランチェスターの顧客維持では、

1　衛生要因の改善
2　満足要因の改善

の順に取りかかることをすすめています。

あなたの会社の衛生要因と満足要因を図表45、46を用いて洗い出しましょう。

3　お礼状は貯金と利子、ニュースレターやハガキによる後方支援

顧客維持の方法としてお客様への接触頻度を高めることの重要性は、これまでにお伝えしたとお

りですが、具体的にどのような接触方法があるでしょうか。

安価で効果性の高い「お礼ハガキ」

そこで、非常に安価で効果性の高いツールが「お礼ハガキ」です。

ランチェスター戦略では、訪問や電話など、直接お客様とやりとりする接触を1ポイントとして数えます。また、直接お客様とやりとりはしませんが、接近戦に近い方法として、お礼ハガキ、お礼FAX、ニュースレターなどを0・5ポイントで計算し、接触頻度に数えます。

月間の接触ポイントがライバル会社の2倍〜3倍になるように目標数値を設定し、接触計画を立てて毎月実行します。このポイントを社員の評価制度と連動させている会社もありますが、こういったことをシステム化してしっかり取り組んでいる会社はこれまでの経験から少ないように思います。

お礼ハガキが、凄いことは、

・ほぼ読まれる
・相手の時間を奪わない（相手の好きな時間に読める）
・相手の印象に残りやすい
・定期的に出すことで相手から忘れられにくい
・安価である

といったことに集約できます。

特筆すべきは、「お返し効果」が働くことです。人間は、誰かから無償でモノを受け取り続けると、どこかでお返しをしなければいけないという心理が働きます。

デパートのお惣菜売場で、購入するつもりはないのに、店員さんにすすめられて試食をしてしまったばかりに、何か買わないと申し訳ないという気持ちになって、つい購入してしまうという経験はありませんか。これも「お返し効果」が働いています。

「お礼ハガキ」にもこの効果が働きますので、ハガキを送れば、将来、購入していただける可能性が高まります。これを私たちは「貯金」と呼び、毎月多くの貯金ができるシステムをつくっています。

お礼ハガキの「貯金」には紹介という「利子」がつく

お礼ハガキを実行してある程度の期間が経つと、不思議と紹介の仕事が発生します。これは、定期にハガキが届くことで、お客様の頭の中にあなたの会社の商品やサービスが刷り込まれた結果です。これを「刷り込み効果」と呼びます。

ランチェスター戦略では、意図的に一位づくりを行い、そのことを内外に告知していきますので、当然、お客様の頭の中には「○○のことだったらあなたの会社」という図式が出来上がっています。

人間は、何かを人に紹介する際に、敢えて二位以下のものを伝えることは少ないでしょう。友人に美味しいラーメン屋さんを聞かれたとき、あなたが1番美味しいと思うお店を紹介するのと同じように、一位のものを紹介します。

このように、毎月の定期ハガキや訪問などの「お返し効果」に加えて、「刷り込み効果」が働きますので、売らないで売れる「紹介」がいただけるのです。

お礼ハガキの種類と性格

お礼ハガキには、次の2種類があります。

① 「感謝ハガキ」
② 「定期ハガキ」

訪問・面談などで接触したとき、会ったときに必ず出すのが「感謝ハガキ」です。この「感謝ハガキ」は、会う度に出すので「都度ハガキ」とも呼びます。「感謝ハガキ」は、担当者が書いて出すのが原則です。

次に、会っても会わなくても必ず出すのが「定期ハガキ」です。年賀状、暑中見舞い、春夏秋冬の挨拶など、顧客から「忘れられないように」出すハガキです。

「定期ハガキ」は、担当者以外の後方支援部隊である総務、事務部門が出すこともありますが、会社で制度として定め、出したり、出さなかったりを防ぐようにします（図表47参照）。

一定量の「量」の投入のためにも「定期ハガキ」の投入が欠かせません。

【図表 47　お礼状確認シート】

第8章シート⑤　お礼状確認シート

年　月　日　部門名　　　名前

訪問先会社	部門名	送り先名

1. 都度「感謝ハガキ」 訪問・面談・接触時に出すハガキ

訪問日時	累積訪問回数	担当者	お礼状の確認
(例) ○○年9月1日	1		完了
月　日			
月　日			
月　日			
月　日			
月　日			
月　日			

2. 「定期ハガキ」 定期的に「量」の投入を行うハガキ

発行日	内容	担当者	確認
(例) ○○年 1月1日	年賀状		完了
2月　日	厳寒、立春		
3月　日	早春、春分		
4月　日	春暖、桜花		
5月　日	新緑、五月晴れ		
6月　日	初夏、入梅雨		
7月　日	梅雨明け、盛夏		
8月　日	暑中見舞い		
9月　日	初秋、秋晴		
10月　日	爽秋、清秋		
11月　日	晩秋、深秋		
12月　日	師走、初冬		

4　紹介の出方も戦略で決まる

せっかく既存客への「接触頻度」を高めて、お客様の頭の中に「○○のことならあなたの会社」というイメージの刷り込みを行ったとしても、紹介が出にくいパターンがあります。

それは、地域を決めないとか、客層を決めずに手当たり次第、四方八方にお客様をつくってしまった場合です。これは、お客様同士のコミュニケーションが生まれにくいためで、紹介が出にくいことがわかっています。

お客様同士がコミュニケーションをとっている姿をこれまで意識されたことはありますか。紹介が出るタイミングを考察してみると、人と人とが実際に顔を合わせて会話しているときに生まれているることがわかります。親しい友人同士で話しているとき、町内会の会合で集まって話しているとき、青年団の集まりで話しているときなどです。

コミュニティー内シェア

1つのコミュニティーや地域に特化してお客様づくりをしていると、町内会などで集まったときにあなたの会社が話題にのぼって紹介が生まれやすい、これをコミュニティー内シェアと呼びます。

町内会シェア、青年団シェア、ＰＴＡシェアなど、人が集まるところには必ずコミュニティーが生まれます。そのコミュニティーの中でお客様の割合が多ければ多いほど、あなたの会社が話題にのぼりやすく、紹介が生まれやすいのです。

一般的には、コミュニティー内シェアが10％を超えると、紹介の量がグンと増えます。まずは、10人に1人くらいの割合でお客様をつくり、1人2人と増やしてみてください。その成果を実感できることでしょう。

このように、コミュニティー内シェアを高めることを目的に顧客維持を行うことが大切です。シェアが高まるほどあなたの会社が一位として認知されていき、ますます紹介が生まれやすい状態になります。

まずはお客様からよい評判を得ること

ただし、この戦略には、大前提となることがあります。それは、あなた会社の商品・サービスがお客様を満足させているということです。前述した衛生要因と満足要因をしっかり分析し、1つひとつ着実に改善を重ね、お客様からよい評判を得ていくことが必要です。

当たり前といえば当たり前のことですが、多くの会社が新規営業には力を入れますが、こと顧客維持になると、戦略を立ててしっかり取り組んでいる会社は本当に少ないです。

たった1度の失敗で信用を落としてしまい、悪い評判で一位になってしまってはいけませんので、この機会に社内の体制を見直し、戦略的に紹介が生まれやすい仕組みをつくりましょう。

顧客維持の必要性

かつて、このようなことがありました。

一度商品を購入していただいたお客様のうち、しばらく再購入がない方がいらっしゃいました。この商品の買い替えサイクルが3か月でしたので、6か月以上購入がない場合はどこか違う会社で同じような商品を購入していると推測できました。

そこで、「どうして他社で購入されたのか」のアンケートを行ったところ、「商品に不満があった」という回答が一番多いと予想していましたが、実際の結果は違いました。「商品購入の案内が無かったから」と答えた方が一番多かったそうです。

この結果からわかることは、お客様は忘れやすい生き物だということです。一度お客様になっていただいたから、次回も自社で購入していただけると思い込むのは危険です。お客様は何となくあなたの会社の商品・サービスを試して見ただけかもしれません。

購入していただいたあとも、定期的な訪問やニュースレターの配信、イベントやキャンペーンへの招待など、やったりやらなかったりではなく、必ず担当者を決めて顧客維持のための「量と質」を投入する体制をつくるべきと考えます。

自社のことをしっかり覚えておいてもらって、〇〇で困ったときには一番にあなたの商品・サービスを思い出していただける顧客維持の仕組みづくりが不可欠です。

第9章　組織戦略

目標を立てて、戦略を考え、実行して行くのは、組織を構成する人です。最終的には、人で決まります。

本章では、戦略思考を持って、一位づくりを実現する組織のありかたについて解説します。実際にシートを使い、会社、チームの一位づくりを考えていきます。

1　企業は「人」―戦略的人材育成

起業をする際は、社長1人でスタートすることが多いと思います。営業も現場も、すべて1人で行います。この場合、社長の限界が会社の限界です。

売上も増えてきて、人手も必要なので、人を雇用していきます。社員数が10人までの組織なら、社長の目がすべて届く範囲です。

社員数が20人、30人と増えてくると、もう社長の目はすべてに届きませんので、社長を支える経営幹部が社長の代わりに各セクションごとの指揮を取ることになります。そのときに戦略思考を持った自立型の人材の集団であれば、とても強い組織です。

経営幹部の戦略研修

経営戦略の最終決定はあくまでも経営者である社長ですが、会社の規模によっては、社長がすべてに目を光らせて、把握することは難しくなります。またはそれを行うべきではありません。

そこで、専務や常務、マネージャーを始めとする経営幹部に権限を与え、自分の分身としてその裁量の範囲内で意思決定を委ねることになります。

経営幹部の戦略実力が高いと、効果性のある意思決定が部下にダイレクトに伝わりますので、よい結果に結びつきます。現場からのフィードバックもダイレクトに早く経営幹部に届きますので、スピーディな判断もできます。

実際の経験上、業績が伸びていく会社のカギは、経営幹部や役職者にあると確信しています。よい人材が幹部、役職者にいる会社は、思考力も判断力も行動力も優れ、業績向上という形になって成果が出てきます。

「文殊の知恵」ではないですが、一定の戦略思考を持った経営幹部が会社の経営戦略について真剣に学んで、考えて、意見を出し合うわけですから、質も量も高い意見が出てきます。

筆者が推奨しているのは、社長以下経営幹部が戦略研修を行いながら、会社の経営戦略、実践を考えていく「戦略ミーティング」の実施です。経営幹部が原則を理解することで、戦略原則という共通の判断基準が生まれます。

経営において「やるべきこと」と「やってはいけないこと」など、同じ戦略原則を理解し合って進みますので、共通の思考を共通言語で行うことになります。

あるランチェスター戦略を導入している社員70人の会社では、月に必ず1回「戦略会議」を社長の他に統括する専務、常務、各ポジションのマネージャークラス２人、リーダークラス２人に筆者と合計8人で開催し続けています。

熱心にランチェスター戦略に取り組みをいただき数年を経過した現在、役員を始めリーダー職以上の方は戦略原則を習得され、自社への応用をそれぞれのセクションにおいて実践されています。大元である全社戦略方針を決定する際もこのメンバーで知恵を出し合います。

情報収集の大切さを知っていますので、常に最新の情報を様々な視点から集めて分析しています。戦略と戦術の関係性も理解していますので、商品開発においても独自化、差別化の必要性を現場に浸透させ、営業においては「量×質」の公式を具体化させた営業を実施し、売上を上げています。

業績を決定する要因である戦略面という原因から対策を立てますので、成果に結びつきます。戦略面においては社長の分身が社内にたくさんいるようなもので、何よりも経営者である社長にとってこれほど頼もしいことはありません。

社員数が50人、100人、300人と規模が大きくなってきた場合は、よけいに部課を統括する立場の人も増えて、判断する範囲や重要性も量が増します。経営幹部の戦略実力向上の重要性は高いのはわかっていますから、そのときになってから始めるのではなく、会社が小さいときから行っておいたほうが会社の習慣、文化として根づきますのでよいと思います。

社員の戦略実力を上げる

会社における戦術の担当者が社員になります。社員にも戦略研修は行うべきです。

その理由としては、戦略思考を知ることによって、物事に対して本質面からアプローチを行い、改善を図ることができるようになるからです。

現場のことを一番よく知っているのは社員です。お客様に直接触れる社員こそが、お客様に喜んでいただくために戦略と戦術を実践しなくてはならないです。

特に、販売や営業は、自ら戦略を立てて動く機会の多い職種であるので、社員が戦略原則を知ることは大変有効です。

こういうことがありました。ランチェスターの戦略研修を受けた経理担当の内勤の女性社員が、ある提案を上司に行いました。その内容は、「内勤の経理スタッフの挨拶回り」です。

営業が客先を訪問するのは当たり前ですから、お客様も喜んではくれません。そこで、日頃は会社から1歩も出ない内勤スタッフが客先を訪問して、「いつもお世話になります。毎月のご入金を有難うございます。私が担当経理の○○です」と、挨拶をして回ると、競合他社はそんなことはしていないので、差別化になってお客様に喜んでいただけるのではないか、という案です。

最終的には、上司の許可を取り、この女性社員が実行し、お客様には大変喜んでいただけました。別の角度からの客先訪問ですので、お客様が営業マンには言わない要望なども聞き取れ、顧客サービス向上に反映しました。

その後、入社以来30年間、1歩も社外に出たことのない経理部長も外に連れ出して挨拶回りを行いました。これも他社がしていないことです。新しい注文もいただきました。

これは、１人の社員が考えたことですが、ベースになっているのは、お客様を喜ばすための「戦略思考」です。

2　全社共有の目標で一位づくり「○○だったらわが社」

お客様にとっては、超有名企業より、自分のことを誰よりも大切にしてくれる会社こそ、自分にとっての一番の会社です。

実際に、自分の会社のことをしっかりと棚卸して調べたことが、どれぐらいあるのでしょうか。自分で知らないだけで、よく調べてみたら、一位がたくさんあるのではないでしょうか。

ここからは、図表48のシートを用いて、会社の一位を棚卸してみましょう。

一位の見つけ方

一位は、次のようにして見つけましょう。

① 過去の実績を調べる

自社の経歴を調べていくと、過去に一位であったなど、思わぬ事実を知ることがあります。○年度、販売実績シェア一位。

② 現在の実績を調べる

現在の製品における日本シェア一位、○％。販売先のデータを調べると、販売先でのシェア一位の商品があることがあります。

③　お客様に聞く

なぜ、当社の商品を買っていただいているのか、お客様のヒアリングを行い、一番に選択をしていただいた理由を把握します。

④　細分化

自社の商品、地域、客層を細分化していくと見つけやすいです。例えば、地域でいえば、東京全体では全くシェアはなくても、○○市では一位、○○中学区でシェア一位というように、細分化してシェア一位を探します。

⑤　一位と同義語

一位と同じ、あるいはそれ以上の称号を会社が得ている場合があります。宮内庁御用達、○○王室使用、世界遺産、国宝、○○賞受賞、○○の代表に選ばれる、○○名人、世界一、東大など権威のお墨付き、○○大会で優勝などが考えられます。

⑥　一位および準じる表現

売上やシェアで一位でなくても、○年連続業界売上一位、当社の（中での）お客様支持一番、安心ナンバー1など。また、日本でトップスリーに入る、業界トップシェア、トップクラス、トップレベル、○○業界では5本指で数える存在などです。

【図表 48　会社の一位シート】

第9章シート①　会社の一位シート

一位づくりを実現する3大事業ドメインを書いてください。
①商品（何を）②地域（何処の）③客層（誰に）が3本柱です。
この、3つの一位づくりを実現するための、④営業 ⑤組織 において、
何で一位になるのか、を書いてください。

一位の目標設定には、シェア目標も一緒に書いてください。

① 商品　　自社は○○の商品で一位になります。
目標シェアは　　%です。

② 地域　　自社は○○の地域で一位になります。
目標シェアは　　%です。
※ 地域は具体的な地名を書いてください。

③ 客層　　自社は○○の客層で一位になります。
目標シェアは　　%です。
※ 業界、業種、会社名、BtoB、BtoC、明確に客層を書いてください。

3　各チーム、部署の一位づくり「〇〇だったらわがチーム」

部や課、チームとしての一位づくり

会社全体の一位の次は、部や課、チームとしての一位を実現します。

全社で実現するシェア一位のために、会社の中において自分が所属する部門においても一番であることを考えることが目標設定となり、全社目標設定にも繋がり、お客様からの一番の選択を得ることに繋がります。

自分が所属する部門での一位づくりを考えましょう。特に、管理職の方は、社員の仕事に責任を持つ立場です。

部門を構成する社員がそれぞれ一流の強みを持つ集団となるにはどうしたらよいかを書いてください。

ランチェスターＳＷＯＴ分析を「部門単位」で考えてみよう（図表49参照）

①　自分が所属する部門の強みと弱みを書き出しましょう。

②　強みを踏まえて、部門での一位づくりは何を目指しますか、記入してください。

【図表 49　ランチェスターＳＷＯＴ分析シート　部門単位】

第9章シート②　ランチェスターSWOT分析シート　部門単位

部門、チームにおける「強みと弱み」「機会と脅威」を書いてください。

部門として「強みを活かし、弱みは捨てる」 戦略原則活用の為の土台のためにこの資料を作成します。

部門として、という前提で考えてください。部門としての考えから会社全体のことを考えるようになっていきますので、そこが狙いです。

部門、チーム一人ひとりで行うことで、違う目線からの考えを知ることができますので、全員で取り組んでください。

会社名　　　　部門・チーム名　　　　記入日　　年　　月　　日　　記入者

	会社の内部要因		会社を取り巻く外部要因	
	強み（Strengths）	弱み（Weaknesses）	機会（Opportunities）	脅威（Threats）
全社				
商品				
地域				
客層				
営業				
顧客維持				
組織				
財務・資金				

③　弱みはどのように対処すべきでしょうか、記入してください。
④　管理職の方は、部門を構成する社員がそれぞれの強み活かしての部門としての一位づくりを書いてください。

ランチェスターSWOT分析を「個人単位」で考えてみよう

続いて、社員として、自分自身のSWOT分析を考えてみましょう。図表50は、社員、自分自身のSWOT分析を行うシートです。
①　自分の立場で考える会社の「強みと弱み」「機会と脅威」を考えて書いてください。
②　自分の立場で考える所属部門またはチームの「強みと弱み」「機会と脅威」を考えて書いてください。
③　改めて、自分の「強みと弱み」を自分自身で考えて書いてください。
④　自分を取り囲む「機会と脅威」は、機会をチャンスとして捉えてください。
例えば、会社が　成長するときはチャンスです。

「脅威」は、外部要因だけでなく、自分自身の内面的な課題もあるかもしれませんが、考えて書いてください。
⑤　自分自身以外に、上司や同僚からの第三者の見方が加わると、自分ではわからない見方が得れるようになります。

【図表 50　ランチェスターＳＷＯＴ分析シート　個人単位】

第9章シート③　ランチェスターSWOT分析シート　個人単位

社員、自分自身のSWOT分析を行うシートです。
① まず、自分の立場で考える会社の「強みと弱み」「機会と脅威」を考えて書いてください。
② 次に、自分の立場で考える、所属部門またはチームの「強みと弱み」「機会と脅威」を考えて書いてください。
③ 自分の「強みと弱み」改めて、自分自身で考えて書いてください。
④ 自分を取り囲む「機会と脅威 」は、機会をチャンスとして捉えててください。例えば、会社が成長するときはチャンスです。
「脅威」は、外部要因だけでなく、自分自身の内面的な課題もあるかもしれませんが考えて書いてください。
⑤ 自分自身以外に、上司や同僚からの第三者の見方が加わると、自分ではわからない見方を得れるようになります。
ぜひ、取り組んでみてください。

	内部要因		外部要因	
	強み (Strengths)	弱み (Weaknesses)	機会 (Opportunities)	脅威 (Threats)
会社の				
所属する 部門 チームの				
私自身の				
上司				
同僚A				
同僚B				

4　社員1人ひとりの一位づくり「○○だったら私が一番」

会社における自分の一位づくりを実現しましょう。

必要なスキル、習得し磨いていく技術、取得する資格、会社においてすべきこと、お客様に対して行うこと、会社における自らの職種、立場における一位づくりです。

また、会社だけでなく、プライベートでの経験、趣味、学生時代のスポーツなどの特別な経験も書き出しましょう。

「一芸」を持てと言いますが、何かで秀でた趣味を持っていると引きつけられます。写真、ゴルフ、陶芸、語学、音楽、スポーツ、武道、様々なジャンルがあります。

似顔絵が得意な営業マン、トライアスロンの選手、写真入選の常連だったなど、思わぬ趣味がきっかけとなって、関係が特別なものになることがあります。自分に得意なものはないなど思わず、書き出してみましょう。

図表51を用いて行います。
① 自分の会社での部門、職種を書いてください。
② 自分の強みはどういうところだと思いますか。
③ 自分の弱みはどういうところだと思いますか。

【図表 51　個人一位づくりシート】

第9章シート④　個人一位づくりシート

このシートに記入をして行く事を通じて、会社で活かすあなたの一位づくりを明確にします。
下記の欄に記入願います。

所属　　　　　　名前

1.会社の一位は何だと思いますか。これが「一位」だと思うところとその理由記入願います。

2 1で記入した一位について、その理由や根拠を具体的に記入願います。
※○○で販売実績一位、売上がナンバー1など。

3 会社が一位になれた、なっている理由を記入願います。自分の意見を記入願います。

4 自分自身の強みとは何であるでしょうか。自分で、私はここが強いと思うところを記入願います。

5 .4で書いたあなたの強みに関して、何故、そう思うのですか。その理由を記入願います。

6 この自分の強みを仕事で活かすため、具体的に何をしていますか。
自分の持ち味を活かしての記入を願います。

7 .あなたが自分で、私はここが「弱い」「苦手」だと思う所を記入願います。

8 あなたはどうしてこの部分が「弱い」「苦手」だと思うのですか？　理由を記入願います。

9 自分の過去において一位だと思う事は何でしょうか。
仕事のほか、プライベートで一番だと思うこと、過去の体験も可。

10 会社,仕事において、これなら負けない。一位になれる（なっている）と思うところを記入してください。
あなたの一位を、会社の一位づくりに向かって行う具体的な行動や方針を記入ください。

④　会社において目標としている状態、得たいスキルや技術、取得したい資格などを書いてください。

⑤　プライベート、過去の体験を書いてください。
子供時代、学生時代など、過去に遡って賞で一位になった、入賞した、海外経験がある、部活の音楽コンクールで優勝したなど、過去の成功体験。

趣味、好きなこと、人がしていないと思うこと、子供時代の宝物のような思い出。

一位の成功体験以外でも、自分自身で特別な体験や経験と思うことを書いてください。

⑥　会社、上司が自分に期待していることを書いてください。
会社や部門での一位づくりにとって、自分がやるべきことは何だと思いますか。私は、「○○で一番になる」－自分で実現する一位づくりを書いてください。

5　組織を変える戦略思考の習慣化

ロジカルシンキング（論理的思考法）と呼ばれる考え方があります。物事を構造ごとに分解して考える思考法です。

ランチェスター戦略で成果を上げるに当たり、ロジカルシンキングはとても有効です。ここでは、ロジカルシンキングの代表的な考え方として、

・「ロジックツリーとピラミッドストラクチャー」
・「ＭＥＣＥ」（ミーシー）
の２つで考えてみます。

ロジックツリーとピラミッドストラクチャー

①　ロジックツリー（図表52参照）

三角錐をイメージし、頂点に論点を置きます。ロジックツリー頂点の論点をツリーの下に向かって細かく分類して、要因を明らかにします。明らかにすることによって、より明確な対策を立てることができます。

例えば、「売上アップ」というテーマだけでは漠然としています。そこで、分類して考えていきます。売上を構成するものは、「客数×客単価」ですが、「客数」と「客単価」と２つに分類します。

「客数」は、「新規顧客」と「既存顧客」に分けることができます。

そこで、売上を上げるには、「新規に顧客を獲得して売上を上げる」、または「既存のＯＢ顧客に販売をして売上を上げる」という２つの方法が明確になります。

「客単価」も「１商品の単価を上げること（これは質に当たります）」と「購入量を増やすこと」の２つに分けることができます。

これで「売上アップ」に対し、３段階のロジックツリーが構成されました。

【図表 52　ランチェスター「ロジックツリー」シート】

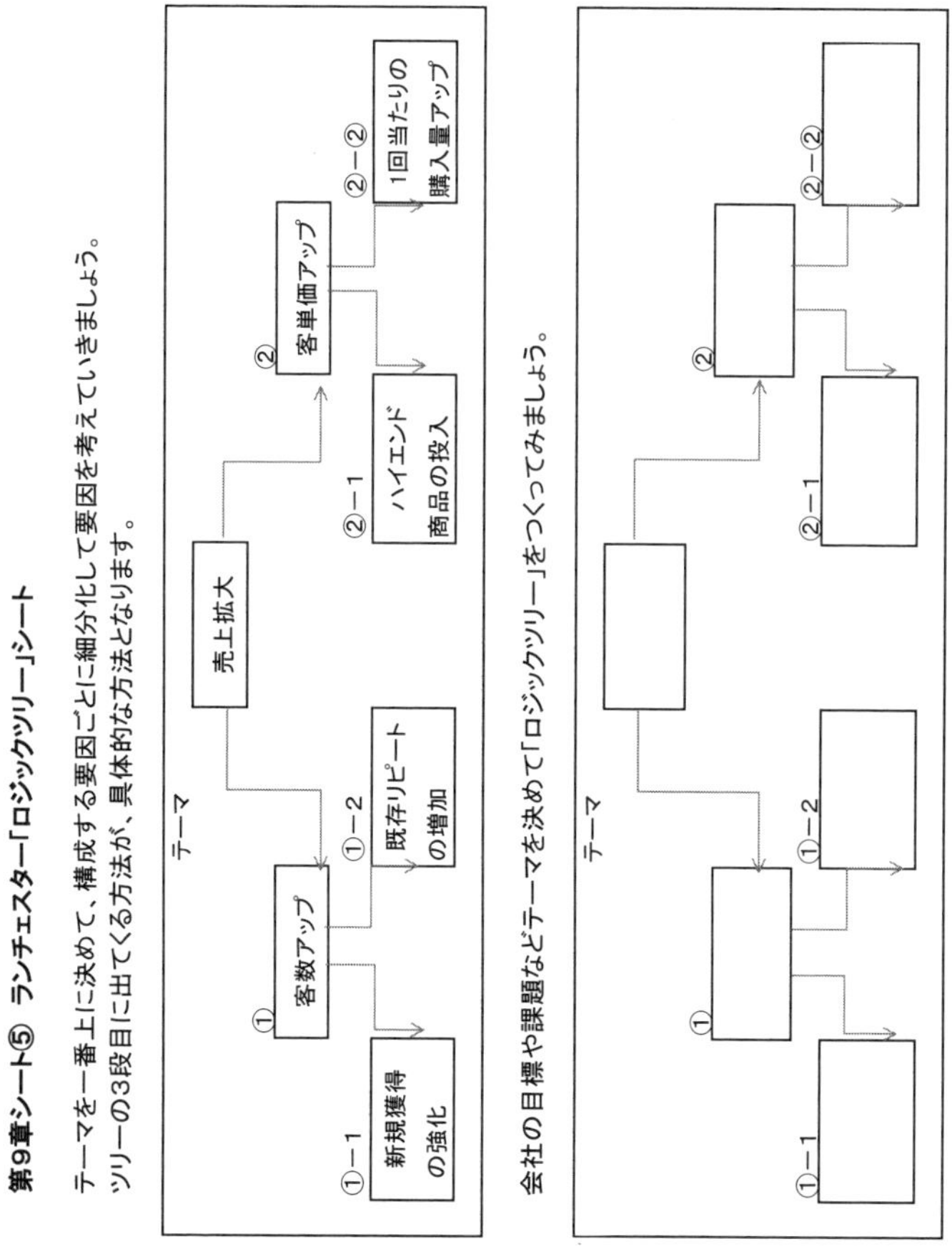
第9章シート⑤　ランチェスター「ロジックツリー」シート
テーマを一番上に決めて、構成する要因ごとに細分化して要因を考えていきましょう。
ツリーの3段目に出てくる方法が、具体的な方法となります。
テーマ
売上拡大
①
客数アップ
②
客単価アップ
①－1
新規獲得の強化
①－2
既存リピートの増加
②－1
ハイエンド商品の投入
②－2
1回当たりの購入量アップ
会社の目標や課題などテーマを決めて「ロジックツリー」をつくってみましょう。
テーマ
①
②
①－1
①－2
②－1
②－2

あまり段階が多過ぎると逆に不明確になります、会社で取り組む際には、3段階ぐらいがちょうどよいでしょう。

ロジックツリーは、物事の原因を探し出すときに効力を発揮します。物事を分解して、段階ごとに整理して考えていくことで、やるべきことが明確になります。

ロジカルシンキングとランチェスターの戦略原則は、とても相性がよいと思います。

この例でいえば、「客数」を増やすというところで「新規」と「既存」に分かれていれば、取るべき戦略、戦術が明確になります。

「新規客」獲得と「既存客」へのアプローチによる売上向上は、手法が変わりますので、この2つが混同されると戦力分散に繋がり上手くいきません。

「新規客」獲得であれば、地域戦略で特定地域に戦力を集中させ、ローラー作戦を徹底します。その際には、アルバイトも雇用して、短期で量を投入します。

空中戦である折込みチラシやキャンペーン、イベントとの掛け合せで知名度を上げ、営業の後方支援をします。

「既存客」であれば、既に関係ができていますので、その優位性を初めから活用します。

過去に販売を行ったお客様との関係性を活かして、直接訪問して接近戦でヒアリングを基本とした提案営業をします。チラシなど打たずに接近戦に徹しますので、競合からは動きが見えません。

② ピラミッドストラクチャー（図表53参照）

【図表 53　ピラミッドストラクチャーシート】

第9章シート⑤　ピラミッドストラクチャーシート

ピラミッドストラクチャーシートです。

一番下の1段目から順番に事実を積み上げて、2段目、3段目へと上に上がって結論を出します。

ランチェスター戦略の3大構成要因①商品　②客層　③地域の3つを土台に考えています。

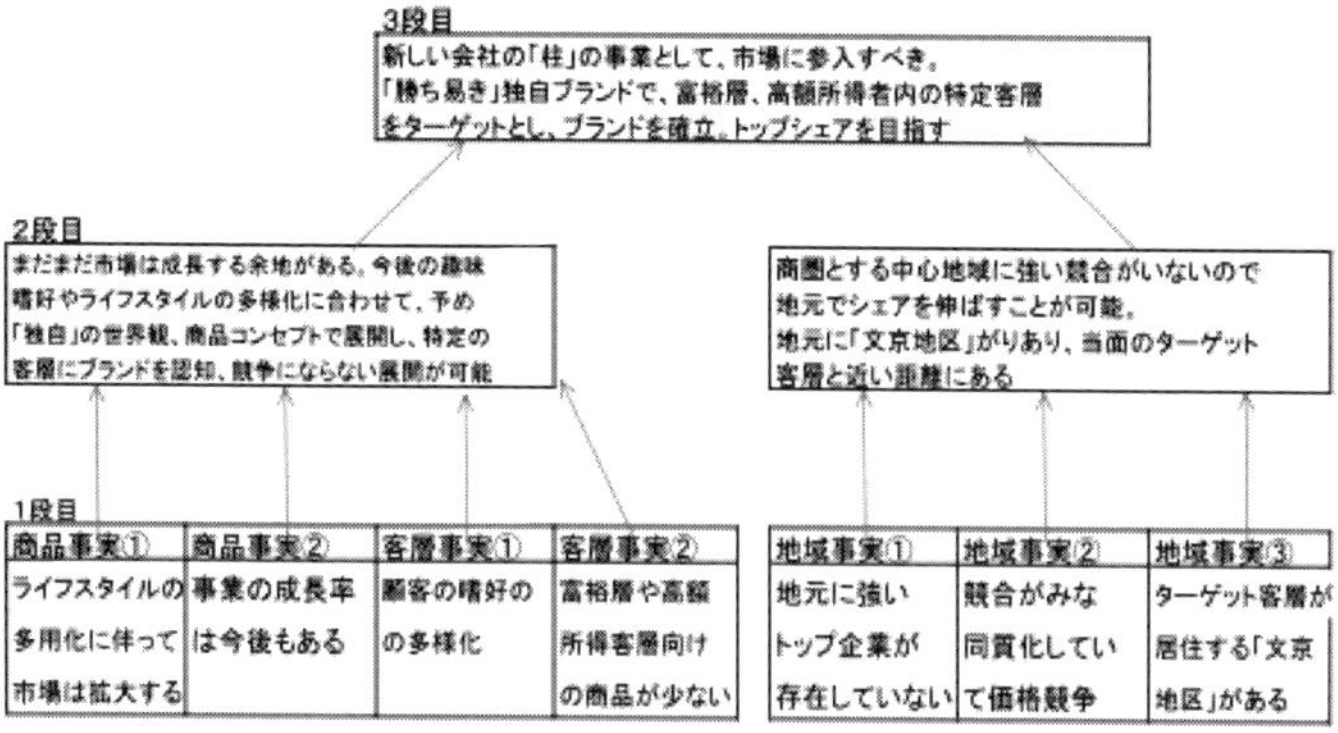
3段目
新しい会社の「柱」の事業として、市場に参入すべき。
「勝ち易き」独自ブランドで、富裕層、高額所得者内の特定客層
をターゲットとし、ブランドを確立。トップシェアを目指す
2段目
まだまだ市場は成長する余地がある。今後の趣味
嗜好やライフスタイルの多様化に合わせて、予め
「独自」の世界観、商品コンセプトで展開し、特定の
客層にブランドを認知、競争にならない展開が可能
商圏とする中心地域に強い競合がいないので
地元でシェアを伸ばすことが可能。
地元に「文京地区」がりあり、当面のターゲット
客層と近い距離にある
1段目
商品事実①
ライフスタイルの多用化に伴って市場は拡大する
商品事実②
事業の成長率は今後もある
客層事実①
顧客の嗜好の多様化
客層事実②
富裕層や高額所得客層向けの商品が少ない
地域事実①
地元に強いトップ企業が存在していない
地域事実②
競合がみな同質化していて価格競争
地域事実③
ターゲット客層が居住する「文京地区」がある

会社の目標や課題などテーマを決めて「ピラミッドストラクチャー」をつくってみましょう。

一番下の1段目から順番に事実を積み上げて、2段目、3段目へと上に上がって結論を出します。

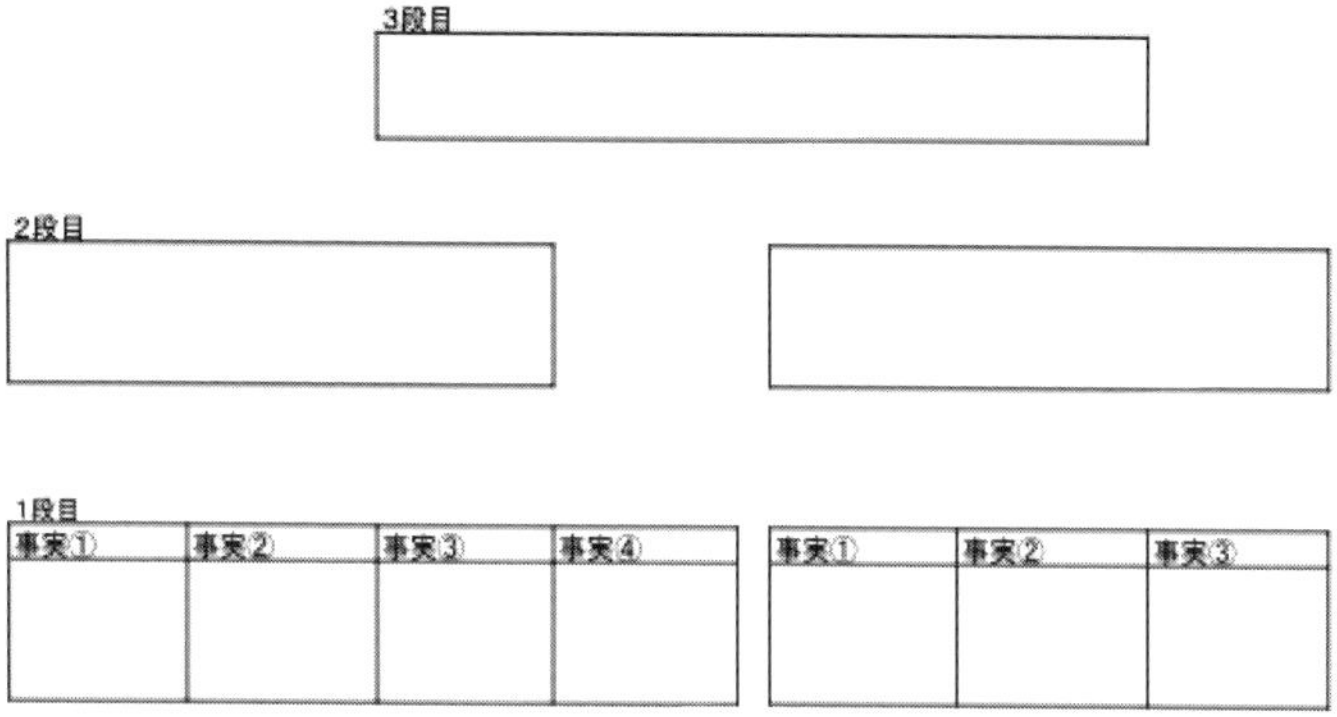
3段目
2段目
1段目
事実①
事実②
事実③
事実④
事実①
事実②
事実③

ピラミッドストラクチャーでは、下から上にツリーを遡ります。事実を集めて結論を導く帰納法をベースとします。

例えば、「自社の商圏を拡大する」というテーマに対して、ランチェスター戦略をベースとした組み立て方を行うと、

・自社の東側に隣接する商圏は競合が少なく、どこも自社より規模が半分以下である
・自社の西側の商圏には、自社の3倍規模の強い会社がいてシェア30％を取っている
・自社には他社になり差別化された商品がある
・自社の東側商圏に、差別化商品を主力として進出する

という結論になります。

「MECE」（ミーシー）

ロジカルシンキングを代表する考え方に「MECE」（ミーシー）があります。「MECE」（ミーシー）とは、Mutually Exclusive and Collectively Exhaustive の頭文字を取って略したもので、日本語の意味は「漏れがなく、ダブりもない」です。

物事を検討する際に、漏れがあったり、ダブりがあったりすると、正しい結論に達しないという考え方です。

例えば、ターゲット客層を考える際に、法人と個人では明確に違います。ここが明確でなければ、

しっかりとした戦略を構築することができません。

個人客も、年齢別、性別、職業別、年収別などと細分化していくと、集客、アプローチ方法などが全く異なることがわかってきます。

ランチェスター戦略において、この「ＭＥＣＥ」の手法はとても有用です。

例としてあげると、次のようになります。

・商品戦略……商品を構成する機能を漏れなく列挙して競合と比較し、自社の差別化ポイントを探す。
・地域戦略……自社の商圏を漏れなくダブリもなく調査して、勝てる地域を決定する。
・客層戦略……年齢別、職業別など漏れなくダブリもなく客層を調査し、ターゲットを選定する。
・販売戦略……プロモーションの方法を漏れなくダブリもなく調査し、競合がしていない方法を選択する。
・営業戦略……見込み客発見から契約に至るまでセールスプロセスを漏れもダブリなく明確化する。

社長の戦略勉強と会社への影響

戦略を最終決定するのは社長の役目になりますので、社長の戦略実力を上げることは必須です。特に、会社が小さいうちは、社長が戦略から戦術まですべてを担当しますので、会社は社長で決まるといってもよいでしょう。

業績のよい会社の社長は、とても勉強熱心です。社長が勉強する習慣が、「戦略思考」のできる組織づくりにとてもよい影響をもたらします。

社長の背中を見ている経営幹部や社員も勉強熱心になります。したがって、具体的事例である「戦術」から、その土台にある「戦略」を見抜く目が養われていますので、「他社の上手くいっている事例」を見たときに、単なる模倣やマネではなく、自社に置き換えを行ったときの応用力も高くなります。深みが違います。

こういう事例がありました。社長がセミナーで見つけてきた「新しい商材を取り入れて売上を伸ばした成功事例」を自社で取り組むときに、その会社の経営幹部は、成功事例の会社は社歴も長く、経営資源が自社とは違う、地域性も違う、自社の地域には強い競合がいるので状況が違う、成功事例だけの新商品は世に出ているので競合にマネされる確率が高いと、自社の置かれた状況をよく分析を行い、単なるマネではない戦略を立てました。

成功事例の商品では弱いので、付加価値として新しいサービスで差別化する、競合の弱い東部地域に戦力を集中してシェアを取り実績をつくるなど、戦略原則を理解していれば、経営幹部が常に原則に沿う形で最良の判断を行うことができます。絆創膏ではない、物事の根っこから考えた意見を皆で検討し合うことになります。

社長以下、勝てる戦略を生み出す「戦略思考」のある組織づくりを行うべきと考えます。

第10章　組織戦略を活かすための人事制度

1　人が動くための一位づくりの収益と賃金との関係性

何のためのシェア一位づくり？

ランチェスター戦略で目指すところのシェア一位づくりを目標に掲げても、その一位がもたらす効果がわからないと、何のために一位づくりを目指すのかの理由が不明です。理由が不明では、動機が起こりません。

人気のある会社は、そこで働きたいという欲求を満たしている会社です。よい人材が動機を持って集まってきます。

そこには、働きがい、給料、休日、環境、企業文化、社風、ステイタスなど、人を引きつける要素があります。この要素が、人は使命感だけでは動かないことを示唆しています。

どんなに会社が将来ビジョンで一位づくりを掲げても、掲げた会社で働くことで自分自身の人生目標が実現できなければ、働く意義はありません。社員は、会社を通して、自己実現を行っているからです。

したがって、働く動機を構成する「やりがい×待遇」の両方を満たす必要があります。ランチェスター戦略の一位づくりも、自分の人生に直結して初めて、社員は本気になってくれます。

そこで、ランチェスター戦略が目指す一位づくりを実現すると働く動機である「やりがい×待遇」を満たし、社員が本当の意味でやる気になってくれる根拠を考えます。

ランチェスター会計による財務指標

ランチェスター戦略では、財務においても目指すべき指標を持っています。この財務指標が、社員の待遇に直結します。

特定の業界、分野、地域、客層などでシェア一位を持っていると、次の現象が財務において起こってきます。

①　売上アップ

まず、売上が上がります。経営者にとっては、売上が上がることが一番の源です。ランチェスター戦略では、売上目標だけでなく、シェア目標を同時に設定します。

②　社員1人当たりの粗利益の上昇

売上の上昇に合わせて、粗利益が上昇していきます。ランチェスターでは、社員1人当たりの粗利益で効果性を図ります。

黒字企業における社員1人当たりの粗利益全国平均は、約800万円です。その1・2倍で1、000万円、1・5倍で1、200万円です。

社員1人当たり1・2倍で200万円、1・5倍で400万円の利益が残ります。業界平均1・2倍、

1・5倍をまず目標とします。

③　社員1人当たりの利益の上昇

シェア一位の会社では、この経常利益が黒字企業平均の3倍から5倍になります。利益は、昇給、賞与などでの社員への還元、株主への分配、設備投資などに反映します。

④　労働分配率

労働分配率は、粗利益に占める人件費の割合です。会社の人件費が、売上規模から見て妥当な数字であるかを見る指標です。業種によって比率は異なります。

シェア一位の会社は、業界平均以上の粗利益を出していますので、人件費総額は業界平均より高いのに、労働分配率は低いという現象が起きます。ここを目指すべきです。

⑤　決算書と自己資本率

数字は、決算書に反映されていきます。利益の積み重ねは、最終的に決算書の貸借対照表の自己資本に反映します。。利益が出ないと自己資本率が上がっていきません。

自己資本率は、会社の安定度を示す指標です。シェア一位がもたらす業界平均を超えた粗利益や利益が決算書に反映し、自己資本率が上がってくると財務状態がとても安定します。

やりがいと人材確保

売上、粗利益、経常利益、すべての業界平均を超えたアップが、社員の待遇に反映します。

一位実現という目標達成と働く環境、給与、待遇、福利厚生など、働く動機を構成する「やりがい×待遇」の両方を満たします。

求人の際も「やりがい×待遇」は大事です。景気がよくなり「売り手市場」になると、選べる立場にありますので、会社の内容をよく吟味します。少しでも働きがいあって、給与、福利厚生など待遇のよい会社を選択します。

一位づくりを通じて会社が成長していくと、一位としての効果性がもたらす仕事の面白さ、地位が上がるなどの成長感、権限が広がることによるやりがい、仕事を通じてたくさんの人を喜ばしている充実感など、「やりがい」が生まれ満たされていきます。

給与、福利厚生など待遇

一位づくりの実現と一緒に生み出される、社員への待遇が良い人材への確保に繋がります。ライフワークバランスという言葉が使われて久しいですが、働くことを通じて充実した人生を送ることができるように、会社の一位づくりと社員への待遇での一位づくりも実現してほしいと願います。

あるランチェスター戦略を実践している建設会社は、有資格者の数で地域一番を目指しました。この会社は、1人当たりの粗利益が業界平均の1・2倍以上ある会社です。

社員を誰か研修に出すとその分人員が欠けるのですが、この会社は余裕がありますので、絶えず社員を資格取得の研修に行かせました。しかも、資格で差別化を行うために、上級の資格にもチャレンジしました。

最終的に社員20人すべてが複数の資格を持つ、強力な有資格者集団となりました。営業、会社案内、ニュースレター、HP、チラシなどでその専門性を伝え続け、郡部という立地も味方して、地元では圧倒的な強みを発揮しています。

別のランチェスター戦略を実践している製造業の会社では、設備に使われる部品で日本トップクラスのシェアを持っています。

財務状態がよいために、社員の休日も多く、年間休日日数は135日以上。業界平均より15日以上多い休日日数です。

休日が多いのにもかかわらず、平均給与は業界水準を上回っています。

他にも、有給の完全消化、育児休暇の充実、社員のアイデアを買い取る制度など、社員の知恵を手当として還元する制度もあります。

福利厚生の充実ために新卒、中途の人材採用において応募者が一番に採用希望する人気企業となっています。

その裏づけとして、製造部品のあるシェアで一位であることがもたらす財務での優位性があり、その優位性をベースとしながら社員の福利厚生でも一位を実現して、人材確保での優位性も維持し続けています。

2 就業規則への反映

【図表 54　お客様への一位方針】

第 10 章シート①　お客様への一位方針

お客様への一位方針

・私たちは、お客様に一番に選択され続けるために、お客様対応で一番を実現します。
・私たちの給料は、すべてお客様からいただいています。
常にこの意味を持ち、感謝の心を持ってお客様に接します。
お客様への活動こそがすべてに優先する活動です。
・常にお客様を一番の最優先とし行動し、お客様からのお申し出に対しては、迅速かつ適切に、そして誠意を持って最後まで対応します。
・私たちの基本はお客様商売です。お客様が気持ちよく過ごせるような常に明るく元気な挨拶、ていねいな言葉使い、清潔な身だしなみを心がけます。
・私たちは、お客様からの信頼を一番の大事と考えています。そのためにコンプライアンス（法令順守）を重視し、関連する法規や社内基準を遵守します。
・私たちは、お客様からいただくクレームはよりよい製品づくりやサービスのための指針と考えます。
クレームは、最優先事項として処理し、お客様の声を全身で聞きます。
・お客様の大事な個人情報は適切な管理を行い、必ずプライバシーを守ります。
・私たちは、お客様への感謝を言葉として表すために、心からの「ありがとうございます」を伝え続けます。

一位づくりを就業規則や賃金制度に反映するときに、就業規則の中の服務規定に付随して一位の「お客様方針」を掲げます（図表54参照）。

この一位方針をよく読んで、朝礼やミーティングで唱和するなどし、具体的行動に反映させます。壁などよく見えるところに貼り出しするのもよいと思います。

会社の状況に合わせて、より具体的な行動を反映させるのもよいでしょう。

3　一位づくりと目標管理制度

本書の主旨は、経営者を始め会社全員が「戦略思考」を持って動き、全員で経営ビジョンを実現する。そのために、経営構成要因ごとにワークシートを使い、自社へのランチェスター戦略原則の応用を進めていく内容になっています。

本章では、その応用を実際に行う社員の人事評価制度について実践します。ランチェスター戦略においても、目標を立て、立てた目標に対して達成度を測り、よりよい方向に改善をしていくＰＤＣＡを行います。

全社経営計画、各部門の計画、一位づくりに向けてのＰＤＣＡを行っていきますが、実際に会社を動かしているのは社員1人ひとりの力です。そこで、社員1人ひとりの目標達成度を測ることで、より早く確実に全社での目標達成実現に向かうことになります。

会社が小さいうちは、社長が、すべての業務の指示を行い、社員全員の査定を行い、給料の額も決定します。社長の目がすべてに届き、声も届く範囲だからです。

しかし、会社が成長して社員が増えてくると、社長の目や声の届く範囲を超え、組織で動くようになります。

組織の中では、行動指針となる行動基準や正しい評価制度が必要になってきます。

人事評価制度が必要な理由

戦略も仕組みも戦術も「人」が動かすもので、人は会社の大切な財産です。その社員がやる気をもって働くためには、動機づけが必要です。

動機づけの1つとして、「やる気」があります。この社員やる気に火をつけて持続されるには、次のことが必要と考えます。

人には、承認欲求がありますので、社員自身も納得できる公正な評価を求めています。職場で働く社員は、会社から適正な評価を得ているかどうかということが、職場でのやりがい、給与や賞与、昇進に関係することであるだけに、大事な関心事です。

会社の人材も同時に成長しなければならず、優秀な人材ほど次への成長を求めます。評価制度には、社員の行動基準を定める「コンピテンシー評価」と、目標を定めて達成度を測る「目標管理制度」というものがあります。この2つの制度のよいところは、人事評価制度を通じながら人材育成を図れる点にあります。

評価制度を繰り返ししていくことで人材が成長し、会社全体のレベルを押し上げる、よいスパイラルを描くことができるわけです。

ランチェスター式の人事評価制度では、全社で実現する「一位づくり」のために、このコンピテンシー制度、目標管理制度の中で戦略原則の実践を反映していきます。ベースになるのは、社員の戦略思考力と実践力の向上です。

4　成果を見える化するランチェスター的人事評価

社員の評価、それを元にした給与、賞与への反映、昇給時に目安となる評価基準を、「コンピテンシー評価」と「目標管理制度」の2本立てで行います

コンピテンシー評価（図表55参照）

コンピテンシーは、1990年代半ばからアメリカで広まった手法です。元々は、アメリカの国防省（ペンタゴン）で採用されたといわれています。部署ごとに成績優秀な社員の「行動特性」を分析して明らかにし、その特性を基準として評価項目を設定し評価していく方法です。

特徴は、次のとおりです。

・コンピテンシー評価では、会社が求める社員の「あるべき姿」を評価項目として列挙しますので、評価項目が明確です。
・社員が「何を目指せばよいのか」「何をすればよいか」が明瞭です。人材育成にも活用できます。
・評価項目は、各部門や役職に応じて定めます。
・社員はこの評価項目を目標として行動しますので、自ら具体的な行動改善に繋がる狙いがあります。

・一定期間の行動を評価して、昇進、昇給、賞与などに反映します。

コンピテンシー評価項目の種類

コンピテンシー評価項目の種類には、次のような項目が上げられます。会社の業種やステージによって項目は変わりますので、ここでご紹介する項目は代表的なものです。

①　全社共通項目

・ビジネスマナー……ビジネスマンとして相応しい立ち振る舞いを習得している。
・挨拶……自ら率先して挨拶、声掛けなどを行なっている。
・ビジョン実現力……会社のビジョンを理解し、実現するための自分なりの意見を提言している。

②　自己

・誠実……常に真面目に裏も表もなく、見ていない所でも真摯に取り組む。
・自己統制力……仕事においていかなる状況でも自己を律する力。
・自己革新力……常に自己改善に取り組み、自らの能力アップに取り組んでいる。
・目標達成力……設定した目標を達成している、達成できる改善に取り組んでいる。
・チャレンジ力……常に新しい取組みや目標にチャレンジして取り組んでいる。

③　対人・チーム

・協調性……周りの人と協調し、チームのよさを活かし合う力。

【図表 55　コンピテンシー評価シート】

第10章シート② コンピテンシー評価シート

評価期間：平成　年　月　日～平成　年　月　日

部門名　　　　職種　　　　被評価者氏名

一次評価者　　　　二次評価者　　　　【 5段階評価　5：極めて高い発揮度合い ～ 1：出来ていない】

最終評価者

コンピテンシー項目		求められる発揮能力	本人評価	一次評価	二次評価	最終評価	合計点	平均点
1.全社共通項目	ビジネスマナー	ビジネスマンとして相応しい立ち振る舞いを習得している。						
	挨拶	仕事は自ら率先して挨拶、声掛けなどを行なっている。						
	ビジョン実現力	会社のビジョンを理解し、実現する為の自分なりの意見を提言している						
2.自己	誠実	常に真面目に裏も表もなく、見ていないところでも真摯に取り組む。						
	自己統制力	仕事においていかなる状況でも自己を律する力。						
	自己革新力	常に自己改善に取り組み、自らの能力アップに取り組んでいる。						
	目標達成力	設定した目標を達成している、達成できる改善に取り組んでいる。						
	チャレンジ力	常に新しい取り組みや目標にチャレンジして取り組んでいる。						
3.対人・チーム	協調性	回りの人と協調し、チームのよさを活かし合う力。						
	素直さ	まず相手の意見を十分に聞いて、受け入れる心。						
	自責力	他人や環境のせいにせず、原因をまず自らで捉えて原因を掴む力。						
	改善力	常に業務改善に進んで取り組み、改善案を具体化している。						
	コミュニケーション力	部門・チーム内で段取りを柔軟に調整する力。						
4.戦略	戦略理解	戦略原則を理解している。他の社員に戦略原則を説明できる。						
	情報収集と分析	戦略立案に必要な情報を選択して収集でき、分析できる。						
	戦略立案力	与えられたポジションで最良の戦略と実行プロセスを立案できる。						
	戦略遂行力	戦略を戦術として遂行し、目標とする成果を得ることができる。						
	経営資源力	自社の強み・経営資源を認識し、十分に活用している。						
5.チームリーダー	理念の共有	経営理念や会社方針を理解し、部下へ理解を浸透できる。						
	経営戦略力	全社戦略を理解し、部門ごとの戦略立案と実行の仕組みをつくる。						
	戦術実行力	部門・チームの戦略・戦術の実行指揮を行う。						
	部下の育成	部下が自ら考えて動ける人材になるように育成を行う。						
	目標管理	部門・チームの目標・計画の実行を達成できるように指揮を行う。						
評価者コメント・アドバイス							総平均⇒	

自己評価	一次評価	二次評価	最終評価

※達成度100点満点中　30点未満評価E　31点から50点評価D　51点から70点評価C　71点から90点評価B　91点以上評価A

・素直さ……まず相手の意見を十分に聞いて、受け入れる心。
・自責力……他人や環境のせいにせず、原因をまず自らで捉えて原因を掴む力。
・改善力……常に業務改善に進んで取り組み、改善案を具体化している。
・コミュニケーション力……部門・チーム内で段取りを柔軟に調整する力。

④　戦略

・戦略理解……戦略原則を理解している。他の社員に戦略原則を説明できる。
・情報収集と分析……戦略立案に必要な情報を選択して収集でき、分析できる。
・戦略立案力……与えられたポジションで最良の戦略と実行プロセスを立案できる。
・戦略遂行力……戦略を戦術として遂行し、目標とする成果を得ることができる。
・経営資源力……自社の強み・経営資源を認識し、十分に活用している。

⑤　チームリーダー

・理念の共有……経営理念や会社方針を理解し、部下へ理解を浸透できる。
・経営戦略力……全社戦略を理解し、部門ごとの戦略立案と実行の仕組みをつくる。
・戦術実行力……部門・チームの戦略・戦術の実行指揮を行う。
・部下の育成……部下が自ら考えて動ける人材になるように育成を行う。
・目標管理……部門・チームの目標・計画の実行を達成できるように指揮を行う。

他にも項目は考えられます。ここでは、代表的なコンピテンシー項目を、ランチェスター戦略の要素も入れて紹介しました。

自社独自のコンピテンシー評価を作成することで、会社にとって、社員にとって必要な項目が明確になりますので、このコンピテンシー評価を作成すること自体が自社の状態を見直すことになる貴重な時間となります。

評価基準がない場合は、社員は何を基準としていいかがわかりません。公正な評価がない場合は、やってもやらなくても同じ、または目立つところだけしかやらないような社員がはびこり、陰日向なく仕事で支える、本当に必要な人材からいなくなってしまいます。

コンピテンシー評価で会社に必要な人材の「あるべき姿」が明確になることにより、社員が大切にすべき信条、守るべきこと、やるべきことがはっきりとわかり、社員の成長が図れます。

5　目標実現力をつける目標管理制度

目標管理制度とは、社員1人ひとりの目標を設定し、その実現を図りながら、会社全体での目標達成と社員の成長を図る制度です。

実行に当たっては、会社から示される会社の目標、上司から示される部門目標をベースに、社員自身で目標設定を行います。

このときに肝心なのは、会社の目標実現のために個人の目標設定を行うのは、組織であるために必然ですが、この目標管理制度の大事なところは、会社や部門というトップダウンで下りてくる目標設定に対して、自分自身で自発的な目標設定を行うところです。

会社全体での一位づくりを実現するために、部門でも一位づくり、社員1人ひとりの一位づくりの目標設定を行い、大きな一位づくりのために会社の中に小さな一位をたくさんつくります。

(1) 全社目標設定

全社の目標設定を行います。

シェア一位を実現するための中長期計画に基づいた年間目標を定めて、部門に提示します。目標設定期間は、1年間が基本です。

定める目標設定は、次のとおりです。

① 年間で目標達成する成功イメージを言葉で定義します。
「○○製品でシェア一位」と会社全体での一位目標を掲げてください。

ランチェスター戦略が目指す一位づくりのために、目標設定においても一位づくりを行います。

② 「売上前年対比○%アップ」と数字を明確に掲げます。

③ シェア目標を「シェア○%アップ」と必ず掲げます。
全社での目標設定ですので、業界、業種、地域などの全社シェア目標となります。

④ 年間の全社戦略を明確に書きます。

例：独自技術製品である○○商品で市場を突破する。

目標実現には根拠が必要であり、その根拠が知恵である戦略となります。戦略を提示することが、目標を実現できる理由となります。何故、実現できるのかの理由の明確さが人を動かしますので、重要なポイントです。

⑵ 部門目標設定

年間目標を受けた部門リーダーが、全社目標をベースに部門目標設定を行います。

① 全社一位実現のための部門での目標設定を行います。

全社戦略を部門ごとの役割に応じて「何を行うのか」具体化するのが部門の役目です。部門目標設定においても、部門における一位目標を目標の中で掲げてください。

戦術的な一位づくりが部門における役割になります。

一位づくりに繋がる、次の例のような具体的な目標を掲げてください。

・製造部門：○○技術の分野における部門メンバーの最先端技術の習得と向上
　　専門技術の習得のために社内マスター制度を確立する
・営業部門：「勝ちグセ」をつけるために一定地域への集中投入ローラー作戦
　　契約率○%アップのためのセールスプロセスの習得
・業務部門：社員の資格取得を進めて有資格者の数で地域一位になる

・総務部門：顧客対応で一位になるために接遇マナーを習得する。

② 戦略原則を方針に掲げる

「一点集中」「勝ちやすきに勝つ」「戦わずして勝つ」など、部門での年間方針として、戦略原則を1つ選択肢して掲げてください。

1年間行うことで、部門に戦略原則意識が浸透します。

③ ランチェスター戦略の公式「成果＝量×質」

部門として、「質」とは具体的に何の質を上げるのか、「量」は質を上げるためにどれぐらい投入するのか（期間、回数など）書いてください。「質」→「量」の順番で記入します。

目標として具体的に掲げて実行することで、部門の質量が上がっていきます。

④ 各部門リーダーは、さらにその上の上司の提出し、上司との最終面談を得て、年間目標を決定します。

(3) 社員目標設定

会社、部門の年間目標をベースに、社員個人の目標設定を行います。期間は1年間が基本です。目標設定期間は、人事評価制度に合わせた場合、昇進、昇給時期が4月であるのなら4月から翌年3月までとなります。決算期とずれがある場合（12月決算など）は、経営計画の目標期間とずれも生じることもありますので、会社の状況にあった目標設定期間とするなど注意が必要です。

多くの会社では、1年間の目標設定をベースに半年ごとで中間進捗確認をとります。その結果を得て、残り半年間の目標設定を変更することもあります。

① 社員個人で年間の目標を設定

設定する目標は、3つの目標設定が基本となります。

・目標1：部門目標を実現するための個人目標設定を書きます。

・目標2：数値的な目標設定を書いてください（生産、営業など、数値的目標が必要な職種では、数値目標を設定してください）。

・目標3：個人として実現したい一位づくりを自由な発想で書いてください。

② ランチェスター戦略の公式「成果＝量×質」

個人として自らのスキルアップのために、質と量への取組みを書いてください。「質」とは具体的に何の質を上げるのか、「量」は質を上げるためにどれぐらい投入するのか（期間、回数など）、その実行の積み重ねが成長曲線をより高く描くことに繋がります。

③ 上司に提出

立てた個人目標について、上司との面談を通じて話し合います。上司の承認を得て、設定した個人目標に自発的に取り組んでいきます。

④ 個人目標の進捗確認

この個人目標については、半年に1度、上司との面談を得て、設定した目標の進捗を確認して、

【図表 56　目標管理シート】

第10章シート③　目標管理シート

目標達成期間　　年　　月から　　月まで

部門名　　　　職種　　　　被評価者氏名

一次評価者　　　　　　　　二次評価者

最終評価者

全社目標設定	部門目標設定1	部門目標設定2
全社の目標設定を行います。 シェア一位を実現するための 中長期計画に基づいた年間目標を 定めて、部門に提示します。 目標せって期間は1年間が目安です。	全社一位実現のための、部門での目 標設定を行います。 全社戦略を、部門ごとの役割に応じて 「何」を行うのか具体化するのが部門 の役目です。	
個人目標内容	**経過（　年　月迄）　本人記入**	**結果　本人記入**
目標①　部門目標を実現するための個人目標設定を書きます。		
目標②　数値的な目標を書いてください。 生産、営業など、数値的目標が必要または有効な場合はマストです。		
目標③　個人として実現したい一位づくりを、自由な発想で書いてください。		
自己評価	**一次評価**	**二次評価**
最終評価		**点数**
		目標①　達成度　%＝　点 目標②　達成度　%＝　点 目標③　達成度　%＝　点 合計　点 平均　点

※達成度100点満点中　30点未満評価E　31点から50点評価D　51点から70点評価C　71点から90点評価B　91点以上評価A

意見交換します。目標管理シートの中間レビューに、本人の自己評価と上司のフィードバックを記入します。

⑤　期末確認

期末に上司との面談を得て、目標設定の確認をします。本人は、1年間の達成度を自己評価します。上司のフィードバックを記入します。

この目標管理の結果を評価として、昇進、昇給、賞与の評価基準とします。

⑥　次年度への個人目標設定

6　「戦略的一位づくり」の給与への反映

給与制度への反映

会社の一位づくりへの自分自身の成果が目に見える形で給与制度に反映しないと、せっかくの努力も本当の意味で次へのやりがいに繋がらないと思います。人は、「認めて欲しい」という欲求があり、お金はその認証の証明だからです。

戦略的な「一位」企業の実現を目指していく以上は、社員の戦略的一位づくりに対する成果を手当として見える化して図っていくことを考えます。

そこで、「コンピテンシー評価」や「目標管理制度」による人事評価を給与手当や賞与として反映して、一位づくりを社員に還元して、さらなる一位づくりへの熱意を抱く制度を構築しましょう。

①　昇給

「コンピテンシー評価」や「目標管理制度」は昇給に反映していきます。毎年、昇給していくことは、会社にとって「固定費」が上がることになりますので、慎重な判断が必要なところですが、ここでは戦略的一位づくりによる「会社の成長」を前提としていますので、昇給および賞与の両方でバランスを取りながら反映することを前提としています。

②　賞与

「目標管理制度」を半年ごとに賞与に反映していきます。賞与は、利益分配金ですので、会社に利益が発生していて原資があることが条件です。

「戦略的一位」成果の賃金制度への反映

(1)　基本給の「職能給」への反映（図表57参照）

基本給の昇給にコンピテンシー評価、目標管理制度の達成度を反映します。

基本給は、「年齢給」と「職能給」の2本立てになっていることを前提としました。

現在の日本の基本給の制度は、「年齢給」と職能の熟練度に合わせて段階的にベース額が上昇していく「職能給」の2本立てが主流です。

【図表 57　コンピテンシー評価、目標管理、基本給「職能給」反映シート】

第10章シート④ コンピテンシー評価、目標管理　基本給「職能給」反映シート

○○年度　評価結果シート　　　　この結果は基本給の「職能給」に反映されます。

被評価者　名前

評価対象：基本給内「職能給」

今期基本給総額	160,000
年齢給	80,000
職能給	80,000

評価期間：1年　平成　年　月　日～平成　年　月　日

コンピテンシー評価結果

コンピテンシー評価点数	評価	職能給変動率
30点未満	E	△3%
31点から50点	D	△1%
51点から70点	C	±0%
71点から90点	B	3%アップ
91点以上	A	5%アップ

コンピテンシー評価結果	80	B	3%アップ

目標管理結果

目標管理評価点数	評価	職能給変動率
30点未満	E	△3%
31点から50点	D	△1%
51点から70点	C	±0%
71点から90点	B	3%アップ
91点以上	A	5%アップ

目標達成率	点数	評価	職能給変動率
目標①　%			
目標②　%			
目標③　%			
目標達成率平均　70%	70	C	±0%

目標管理　達成度	70	C	±0%

	点数	評価	職能給変動率
コンピテンシー評価結果	80	B	3%アップ
目標管理　達成度	70	C	±0%
計			3%アップ

コンピテンシー評価昇給額	⇒	80,000	×	3%	2400
目標管理評価昇給額	⇒	80,000	×	±0%	0
職能給　最終昇給額	⇒	2400			
職能給　等級アップ基準	⇒	計10%		今期職能等級アップ	無し

※　この昇給額に加えて「年齢給」も昇給対象になる賃金制度が基本となります。
※　あくまで変動率はモデルですので会社の状況に応じて変更となります。

この評価対象となるのは、「職能給」のほうです。
基本給の基本的な内訳は、次のようになります。

① 年齢給

入社年度の社員の「年齢」の段階に合わせて基本給の「年齢給」が上昇していく制度です。年齢に応じて生活に必要な収入が異なるという考えから、年齢別の生活費に対応させた基本給の決め方です。

20代後半から上昇し、40代の半ばでピークとなって横ばいが続き、50代後半から緩やかに下降する賃金設計が主流となっています。

年齢に応じて段階的に賃金を決めた「年齢給表」を作成して昇給の基準とします。

② 職能給

職能給は、個人の能力に着目し、職務遂行に必要となる能力に対して支払われる賃金です。多くの企業では、段階ごとに必要な職能を定めたグレードや格付けを決めて、一定の職務遂行能力や技能を身につけた場合、経験年数、技能試験などによって職能等級が上がり、等級に応じて職能給が上昇していくという決め方をしています。

本書では、会社の一位づくりにおける社員の戦略思考力、実践力アップを主旨としていますので、本来、前提としてある「年齢給表」「職能等級表」は割愛しています。

⑵ 賞与への反映（図表58参照）

【図表58　コンピテンシー評価、目標管理「賞与」反映シート】

第10章シート⑤ コンピテンシー評価、目標管理「賞与」反映シート

○○年度 評価結果シート

被評価者 名前

今期基本給額	160,000

賞与査定期間: 平成　年　月　日～平成　年　月　日

		点数	評価	賞与係数
目標管理 達成度		70	C	5%

目標管理結果

目標達成率	点数	評価	賞与係数
目標① %	点		
目標② %	点		
目標③ %	点		
目標達成率平均 70%	70点	C	5%

30点未満	E	0%
31点から50点	D	2%
51点から70点	C	5%
71点から90点	B	10%
91点以上	A	20%

目標管理評価賞与額	⇒	8,000
賞与対象基本給額	⇒	160,000
最終賞与額	⇒	168000

※賞与は利益分配金ですので、会社に利益が発生していて原資があることが条件です。
※ あくまで「賞与係数」はモデルですので会社の状況に応じて変更となります。

賞与に目標管理制度の達成度を反映します。

賞与は、利益分配金ですので、会社に利益が発生していて原資があることが条件です。

評価は、基本給の「職能給」への反映と同じです。

なお、あくまで「賞与係数」はモデルですので、会社の状況に応じて変更となります。

7 社員が成長する仕組みとランチェスター経営戦略

会社の経営目的の実現、業績向上のために、ランチェスター経営戦略をベースとした、経営者、経営幹部、社員まで全社で取り組む「戦略的一位づくり」を紹介してきました。

本書では、経営者である社長から経営幹部、社員まで、物事の本質面から問題解決を図る「戦略思考」を持ち、「戦略的一位づくり」の実現に向かって進むことで、会社は必ずよい方向に変わっていくと確信しています。

そのための基本的な戦略原則から、戦略を応用する経営構成要因の分類、経営構成要因ごとの情報収集、戦略の立て方と応用についての説明を各章で行ってきました。

実践こそが実力となり「成果」を生みます。本書では、経営者以外の経営幹部や社員がこの本の各章のシートに取り組むことによって、組織の戦略思考のトレーニングとなり、戦略応用の力がついていくように考えました。

全社一体となっての社員全員の戦略実力向上「戦略的一位づくり」を実現してほしいと願っております。

あとがき

ランチェスター経営戦略と出会って15年が経ちました。当時は、社会保険労務士でしたので、最初は社労士としての業に活かそうと思い、本格的なランチェスター経営戦略の勉強を始めました。進むにつれて戦略の面白さにはまってしまい、自分自身がランチェスター戦略のインストラクターになりました。

現在、企業を訪問させていただき、コンサルティングや研修を通じて、経営者や経営幹部の方のお話を直接伺う機会をいただいています。この質と量が筆者の貴重な財産です。

その中で感じるのは、業績を上げている優秀な会社というのは、例外なくとても勉強熱心ということです。

経営者自身が勉強会や研修を受ける、同業の成功事例を訪ねる、異業種の会に参加して情報を収集するなど、知識や情報の習得には時間と費用を惜しみません。

経営幹部も勉強熱心であり、社内でコンサルや研修での知識の習得はもとより、社外での勉強会や同業、異業種での交流会への積極的な参加と活動は社内に留まらない方もおられます。

経営陣が勉強熱心ですから、この社風は伝播していき、社員さんも勉強熱心です。

何より、会社が本気で「一位づくり」を目指しています。

本気で一位を目指している会社は、「日本一」「世界一」をトップが公言しています。一位を公言することによって、「こうでなくてはならない」状態が明確になりますので、組織をつくっている経営幹部、社員の意識と目標設定、具体的行動のすべてが一位に向かって結実します。一位づくりを宣言することは、組織に対してとても強い力があります。

本書では、ランチェスター経営戦略原則から戦略構築、組織での取組み方までの基本を紹介しました。本書のシートに取り組んでほしいと願います。

シートは、社長だけでなく、幹部、社員まで全社で取り組んでいただくと成果が出るように考えて作成しています。

大企業も中小企業も考え方次第でよい方向に変わります。「一位」になるという意識への刷り込みを毎日行うことで必ず会社は変わります。

会社の業績を底の底からつくり上げるランチェスター戦略の一位づくりを実現してください。

本書を出版することになったのも皆様のおかげです。この場をお借りして感謝申し上げます。

ランチェスター経営の竹田陽一先生、インプルーブの小山様　ポーカーフェイスの清水様、ヨクナル会の小山紗都子様、斉藤由嘉子様、小松崎様、貴重なアドバイスをいただきました潮田様、背中を押していただいた加藤春視様、伊藤正征様、奥村公彦様、木村吉伸様。３３塾の皆様、丸山様、加藤様、曽根様、浅田様、横井ちあき様、加藤伸之様、東橋達矢様、ランチェスター戦略の山下奈々様、岡様、石原様、永坂様、江川様。

本書を出版させていただくほど、ご縁を感じることはありません。有難うございました。

川端　康浩

著者略歴

川端　康浩（かわばた　やすひろ）

アサヒマネジメント代表。ランチェスター経営名古屋代表。ランチェスター戦略（株）登録塾長。社会保険労務士。

1962年9月生まれ。平成15年9月より、ランチェスター経営の第一人者・竹田陽一先生の公認を得てランチェスター研修の「戦略社長塾」を毎週開催。年間延べ600社以上が参加。特に、B to Cビジネスにおける、会社の強みを活かした戦略から構築する経営戦略、仕組みづくりでの策定と実践支援が特に好評で、支援先企業様の多くが好調に業績を上げている。

社会保険労務士、人事コンサルの経験を活かしてのランチェスター戦略を組織で運用しながら行う「組織活性化支援」「人材育成支援」、考える組織づくりの「戦略思考研修」も好評を得ている。地域の歴史、文化、特性を活かしての地域戦略支援を特徴としている。営業において戦略構築し戦術に置き換える「未来創造塾」も開催。

アサヒマネジメント…http://www.asahi378.com/

未来創造塾…http://miraisouzoujuku.com/

一位づくりで会社も社員も変わる
ランチェスター経営戦略シート活用のツボ

2015年9月18日発行

著　者　川端　康浩　© Yasuhiro Kawabata
発行人　森　　忠順
発行所　株式会社 セルバ出版
〒113-0034
東京都文京区湯島1丁目12番6号 高関ビル5B
☎03（5812）1178　FAX 03（5812）1188
http://www.seluba.co.jp/
発　売　株式会社 創英社／三省堂書店
〒101-0051
東京都千代田区神田神保町1丁目1番地
☎03（3291）2295　FAX 03（3292）7687

印刷・製本　モリモト印刷株式会社

Printed in JAPAN
ISBN978-4-86367-228-4